Leaves
Publishing

根
以讀者為其根本

莖
用生活來做支撐

葉
引發思考或功用

果
獲取效益或趣味

曾國藩，你在說什麼？

張曜鐘◎編著
T & J◎繪圖

忘憂草 ORANGE DAYLILY

曾國藩，你在說什麼？

編　　著　者：張曜鐘
出　　版　者：葉子出版股份有限公司
發　　行　人：宋宏智
企　劃　主　編：萬麗慧、鄭淑娟、林淑雯、陳裕升
行　銷　企　劃：汪君瑜
責　任　編　輯：姚奉綺
內　頁　插　畫：T & J
美　術　編　輯：陳巧玲
封　面　設　計：陳巧玲
專案行銷主任：吳明潤
地　　　　址：台北市新生南路三段88號7樓之3
電　　　　話：(02)23660309　　傳　真：(02)23660310
讀者服務信箱：leaves@ycrc.com.tw
網　　　　址：www.ycrc.com.tw
郵　撥　帳　號：19735365　　　戶　名：葉忠賢
印　　　　刷：鼎易印刷事業股份有限公司
法　律　顧　問：北辰著作權事務所
初　版　一　刷：2004年9月　　　定　價：新台幣 280 元
I　S　B　N：986-7609-27-1

總　　經　銷：揚智文化事業股份有限公司
地　　　　址：台北市新生南路三段88號5樓之6
電　　　　話：(02)2366-0309
傳　　　　真：(02)2366-0310

曾國藩，你在說什麼？／張曜鐘作.
初版.--台北市：葉子, 2004〔民93〕
　　面：　公分.--（忘憂草）
　　ISBN 986-7609-27-1（平裝）
1.人生哲學 - 通俗作品　　2.修身

　192.1　　　　　　　　　　93008292

前言

誠如曾國藩所説的：「我認為從古到今，書多的像海一樣，但是真正的經典，不過數十種而已。」中國雖然擁有五千年的歷史，但是人物與作品之間，真正能夠做到言行一致，值得為後人所仿效的，卻也是寥寥無幾，而曾國藩就是其中一位。

不過現在閱讀曾國藩遺作的人，其目的與方法多少都有點問題。大多數的朋友將曾國藩的文章、書信，當作是自身的家傳寶典，或者是當成了學校的教材、課外讀物。如此一來，曾國藩的言行，變成了長輩教誨晚輩的樣板文章，難怪年輕一輩的朋友，還沒讀完，就想去夢周公！

事實上，曾國藩他的人及他的文章，看穿了也不過就是中華數千年文化所積累出來的成果。他要他家族中的晚輩立大志、多學習、謙和待人、廉潔處世，這不都是先賢曾經告誡過的嗎？即便是他的帶兵行軍之道、觀人察相之法，也是可以從古代的兵書、相書當中，尋找出他學習的根源。他的獨到之處，就在於他能夠有條理的分析出來，並且是知行合一的實際運作。

而他所以備受後人重視的原因，主要在於他以一介書生，而且是漢人的身分，卻在滿清的統治時期，擊潰太平天國，十年之間連升十級，最後官居一品，可以説他的一生，所完成的皆是不可能的任務。這樣的一個人，也就是我們常説的一個具備了成功人士特質的人。

因此，他的文章並不是讓我們送給別人看、用來教訓別人的，而是拿來與自己的言行作為相互印證的最佳材料。曾國藩證實了古往今來的聖賢，或許他們並沒有顯赫的功績、豐厚的食祿，甚至於過著一簞食、一瓢飲的生活，但這並不表示他們就是百無一用的人，而或許只是時運上的不濟，沒有讓他們有發揮才能的機會。

往後當我們想抱怨自己時運不濟、有怨天尤人的想法時，就應該看看這本書，想想自己，是不是已經做到了跟曾國藩相同的境界，問問本身，有沒有達到了像曾國藩一樣的特質。如果還不能與他相比，那就得盡人事多加努力，如果與他的思想行為相符合，那時再聽天命以待天時，也問心無愧了。

張曜鐘

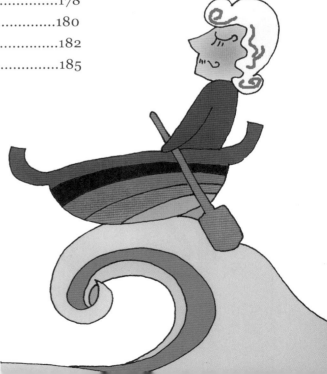

立志不分大小

曾國藩在道光二十二年十二月二十日，寄給他家族中的兄弟們一封關於應該如何讀書、如何用功的信，信中他說到：

　　「讀書人求取學問，第一是要有志向，第二是要有見識，第三是要有恆心。」

　　「立定志向的人就不會甘心只做一個平庸無能的人；愈是見多識廣的人就會愈瞭解學問是沒有止盡的，便不敢因為自己有某種專長而滿足驕傲，要不然就像是身在河中的水伯、井中的青蛙，不知天地海洋的廣闊無窮；有恆心的話，就沒有辦不到的事。這三件事，缺一不可。不過各位並不是一下子就能達到見多識廣的目標，至於立志向、有恆心，則是你們當下應該相互勉勵的要事。」

　　為了說明他自己也是身體力行著這三件事，曾國藩在這封信前也略微敘述了最近立志自新後的生活狀況：

　　「我自十月一日立志要自新以後，雖然還像從前一樣懶惰，但是每天用楷書寫日記，每天要讀誦十頁史書，並記下一則〈茶餘偶談〉，這三件事倒是一直都沒有間斷過。十月二十一日發誓要永遠戒掉吸水煙的毛病，至今也已有兩個月不吸煙，習慣便成自然了。我自己立志要做的課程很多，只有記錄〈茶餘偶談〉、讀史十頁、書寫日記這三件事，發誓終身絕不間斷。你們每人也應自訂幾件課程去做，必須要天天不間斷地努力，就算是行船走路的時候，也應帶在身旁。我除了這三件事之外，在其他的課程方面，未必有所成就，而這三件事，將是我終身的習慣。」

　　關於曾國藩他立志自新的課程，一共有十三條，他不僅寫在他的日記上，也將它們附在此信的最末，以作為兄弟們仿效的對象。

　　一、主敬：整齊嚴肅，無時不懼。無事時，心在腔子裡；應事時，專一不雜。清明在躬，如日之升。

　　二、靜坐：每日不居何時，靜坐四刻，體驗靜極生陽來復之仁心，正位凝命，

如鼎之鎮。

三、早起：黎明即起，醒後勿霑戀。

四、讀書不二：一書未看完，斷不看他書，東翻西閱，徒務外為人。

五、讀史：二十三史每日讀十頁，雖有事不間斷。

六、寫日記：須端楷，凡日間過惡，身過、心過、口過，皆記出，終身不間斷。

七、日知其所無：每日記〈茶餘偶談〉一則，分德行門、學問門、經濟門、藝術門。

八、月無忘所能：每月作詩文數首，以驗積理之多寡，養氣之盛否，不可一味耽著，最易溺心喪志。

九、謹言：刻刻留心，第一工夫。

十、養氣：氣藏丹田，無不可對人言之事。

十一、保身：十二月奉大人手諭曰：「節勞、節欲、節飲食」，時時當作養病。

十二、作字：早飯作字，凡筆墨應酬，當作自己功課，凡事不可待明日，愈積愈難清。

十三、夜不出門：曠功疲神，切戒！切戒！

立志，是古今中外的名人都講的基本工夫，通常也是評價人物的標準。當曾國藩要弟弟們立志時，他不是要他們立一些做大官、成大業的志向，而是把見識和恆心放在一起，並且認為三者不可缺一。因為有見識才能培植出與他人不同的志向，志向與人不同，自然不會平庸，這一切都需要有恆的、持續不斷的真工夫為底子。這是曾國藩在立志上與其他人最大的不同處，我們看他立志戒煙、奉行的十三條課程，都是平常可行的，沒有一項離開了日常生活之中，若是連日常中的小病、小事都不能立志並有恆的改進，那麼與不立志的人又有何區別呢？

最大的敵人往往是自己

除了要自己的兄弟們努力以外，曾國藩也時常寫一些話來勉勵他自己。他使用了一種中國傳統文學中稱爲「箴」的文體來寫作。由於「箴」又作「針」，有治病、規戒的意思，因此這種文體的內容，大多是用來規勸別人的缺失，或是拿來提醒自己要不斷地上進。

曾國藩在三十四歲那年說：「年輕的時候呢，我還不懂得自立，但是時間過的很快，古時候的人到我現在的年齡，就已經是學習有成了，而我如今仍然一事無成，眞是叫人憂傷啊！現在有了官職，可想而知，以後每天會有許多瑣事來消磨著自己的精神。事實上，艱難病苦往往可以使智慧提升，而安樂享受常常造成生命衰竭；這時平凡的我正過著安樂享受的日子，將來想要刻苦奮發，努力向上，大概是很難的吧！於是我寫下了〈五箴〉來自我勉勵。」

立志箴

偉大的先賢也是人呀！平凡的我，不也是父母生的嗎？比起別人來，我得到了太多的聰明和福氣。忘記了自己本來的好處，天天只知享樂，會愈來愈接近災禍啊！最後必然會悔不當初的。既然過去的時光已經是追不回來了，那麼就從現在開始吧！以後要身體力行的做正事，說到就做到，只要有口氣在，就要永遠記著自己的誓言。

居敬箴

天與地各有他的位置，陰陽五行孕育了萬物的生命，世間的禮制也都配合著自然，實際上天、地、人是相通的，保持著自己端正的心，才是眞正的愛護自己。如果都不尊重自

己，那就是傷害自己美好的天性。沒有一個人有資格驕傲的，沒有一件事是可以隨便的，隨便做事一定一事無成，對人沒有禮貌，別人也不會對你客氣。就算別人不指責你，讓你氣燄更長、更驕縱，那只會使更多人瞧不起你，上天自然會處罰你。

主靜箴

在書房中靜修，清晨時看著日出，聽著雄雞啼聲；夜晚時無聲無息，遠方傳來了鐘聲。就算是後面有毒蛇追著我，前面有猛虎等著我，只要我定下精神，不胡思亂想，牠們能拿我怎樣呢？我不是一個逃避現實的人，每天要處理許多大小的事物，但當我心思專一的時候，事情再多我也不會煩亂。既然忙忙碌碌的生活是我無法控制的，現在我年紀已經不小了，難道還要心煩意亂的過日子嗎？

謹言箴

想著如何花言巧語的哄人開心，只會更困擾自己，每天只會和別人聊天，也只會攪亂了自己的精神。聰明的人不知誇耀，誇耀的人不是聰明，說那些沒有證據的小道消息，只能讓傻子覺得驚奇，有智慧的人卻會嘲笑。總會有一天，覺得你說話很驚奇的人弄明白了，會說你只懂騙人，嘲笑你話的人根本看不起你，就算你發再多的誓，他還是懷疑你。現在想起從前許多自己說的話來，真是感到相當的後悔呀！所以寫下這一條〈謹言箴〉來指責自己，如果寫了以後還是喜歡多話，那就要罵自己是老糊塗哩！

有恆箴

　　從我讀書識字開始，已經過了二十八年了，卻還是一無所知。從前希望達到的志向，現在都做不到。以前學的現在不太記得，現在學的一下子又忘了。上進的心和學習的心，因為有許多瑣碎的事，不能一直持續下去。但是為什麼不能像吃飯這種小事一樣，從來就不會忘記、討厭呢？把一顆顆的米粒存起來，時間久了也會變成一缸米啊！所以我要向天發誓，從今以後要有恆心地做好每一件事。

曾國藩，你在說什麼？

> 生活智慧
>
> 　　一個人最大的敵人往往就是他自己。做事情不能夠持之以恆，反而推拖到其他原因，或者是喜愛張家長、李家短的說一些閒話、為求名求利的拍人家馬屁、每天胡思亂想搞的自己心神不寧、炫耀自己多有才華、對人疏忽禮貌、做起事來隨隨便便不求完美、說話不算話、不珍惜眼前已有幸福，這些都是我們一般人常見的毛病，就連身為清代第一功臣的曾國藩也不例外。但是他勇敢的發現並面對自己的缺點，而我們卻是常常以高標準要求別人，對自己的一言一行卻從不約束，結果使自己成為最令自己討厭的人，那不是很可惜嗎？

曾國藩的十三條課程中，有一項是「早起」，這是世代務農的曾家所流傳下來的家風。曾國藩的祖父曾玉屏（星岡）在年輕時，喜歡和一些公子哥兒在市區中吃喝玩樂、遊手好閒，弄得白天爬不起床、日夜顛倒。到了三十五歲時，聽到鄉里其他的長輩都在笑他不務正業，說他一定會把曾家辛苦建立的一點家產都給敗壞掉，他當下決定痛改前非、力爭上游，天還沒亮前就一個人到荒野去開闢田地，漸漸地積少成多，家境蒸蒸日上，加上他喜歡為人打抱不平、熱心公益、嚴格管教子孫，終於使得曾家受到地方人士的尊敬和信任。

曾國藩受到祖父的影響很深，咸豐九年十月，他告訴他剛結婚的兒子曾紀澤說：「我們家族從高曾祖父起就有早起的習慣，我小時候就看著我的曾祖父竟希公、祖父星岡公全都是在天還沒有亮就起床了，就算是寒冷的冬天，也是約天亮前兩小時就醒了。我的父親竹亭公也是天剛亮便起床，如果有事情的話，就會更早起，他每個晚上都還要起來到處看一兩次，這件事你也曾經看到。最近我也想要努力承襲祖先們留下來的家風，所以黎明時就起身。現在你已經是個有家室的成年人了，應該要把早起當作是一件重要的事，努力地做到它，也要讓你的太太一樣做到才好。」

曾國藩要兒子早起，不是隨便說說而已，他就曾經因此罵過他的四妹。「聽說四妹在婆婆家是最晚起床的，常常反而要小姑來服侍她，這種違反倫常的事，最會折福的。天下還沒有一個不孝的人，可以得到好下場的。各位弟弟要常常用道理勸勸她才對。」

生活智慧

曾國藩要家中子弟早起、晚上不出門，就是希望他們能養成良好的生活習慣，一方面讓身體健康，一方面不要讓短暫的光陰白白溜走，成為一個懶惰無用的人。唐伯虎曾經寫下一首〈七十詞〉：「人年七十古稀，我年七十為奇，前十年幼小，後十年衰老；中間只有五十年，一半又在夜裡過了。算來只有二十五年在世，受盡多少奔波煩惱。」照唐伯虎的算法，人的壽命的確是很短暫，所以我們何不把事情在白天就處理好，讓晚上能充分地休息，做一個叫太陽起床的健康人呢！

心理上自滿，
說人是非就是驕傲

隨著曾國藩的官位越來越高，他的幾個弟弟也時常在有意無意之間，顯現出一種高人一等的傲慢態度，這使得曾國藩相當的擔憂，好幾次他都專程的寄信給他的弟弟們，要他們特別注意自己的言行舉止，尤其是不可以隨便的譏笑別人。

咸豐十一年正月，他的四弟國潢收到國藩的急件，內容是「四弟對人間世事的瞭解有自己的一番看法，因此在信中就會表現出驕傲的氣勢。但是天下之間只有謙虛、謹慎才是得到幸福的方法呀！驕傲就會自滿，滿過頭了就是傾倒的時候，所以不管是說話時、寫作時，只要內容是討厭別人俗氣、嫌惡人家蠢笨、議論誰人隱私、揭穿他人缺點，都算是驕傲的表現。先別管你指責的是不是真的，就算是真的，老天爺也不允許這樣的行為。我們曾家的兄弟都是一肚子傲氣，開口閉口都是別人家的是非，笑話別人比我們差，這都不是好現象……因此想要除掉驕傲的習氣，第一就是不要再隨便譏笑別人了。」

生活智慧

　　曾國藩認為驕傲並不是只表現在花錢多、動手打人上面，只要是心理上自滿了、說人是非，就是驕傲。《易經》裡面一共六十四種卦，其中只有一個〈謙卦〉，它的各種結論，都是吉利的，這就是「謙受益，滿招損」古今不變的道理。現在的人容易急於表現自己，常常忽略他人的感受，所以不自覺的傷害了許多人，使得身邊隱藏著許多等著看你笑話、扯你後腿的人，結果往往還沒有功成名就，就落了個身敗名裂的下場。相反的，如果我們要做一個真正成功、受人尊重的人，就應該要廣結善緣，除了不說人八卦以外，更要多讚許別人的長處才是。

靠山山倒，靠人人跑
靠自己最好

　　曾國藩拿錢接濟親戚族人，除了為他們的處境感到難過、認為福份不應該一人獨享外，還有一個原因就是他要還在他當官之前所欠下的人情債。曾國藩知道中國人最大的包袱就是人情，因此他絕不願意拿人好處，以免將來受制於人。

　　道光二十七年六月，他的四弟國潢沾了哥哥的光，在京城受到許多招待，曾國藩有感而發的說到：「我己亥年時出門在外，四處受人招待，現在想來真是悔恨。將來萬一分配到外地做督撫官、學政官，從前欠人人情，拿人的錢財，都成了釣我這條魚

的誘餌。如果他們將來到我這裡求我幫助，不理他們就顯得我是刻薄的人，而且就算用十倍的錢財來回報，他們也未必滿足。所以我從庚子年到京城以後，八年之中，不隨便拿別人給的好處，情願人家占我的便宜，也不肯我占人家的便宜，將來做了地方官，才不會欠人情債。四弟國潢在京城一年多了，我說的他也都看到了，沒想到這次他又欠了人家的人情，唉！算了，過去的事就不說了，只是各位兄弟以後凡事不可占人半點便宜，不可隨便拿人錢財。切記！切記！」

曾國藩的這番話，可以從兩方面來探討。第一是不欠別人人情，古人說：「知足常足，終身不辱；知止常止，終身不恥」，今天占了別人便宜，自己忘了，別人卻永遠不會忘，等到他要你還的時候，只會多不會少，你如果不還，那你就落了一個小人的名稱，根本就得不償失；第二是還有另一種人，喜歡巴結奉承給人好處，以為這樣就能攀著枝頭變鳳凰，殊不知「有錢有酒親兄弟，急難何曾見一人」，想想愛拿人好處的會是什麼樣的人，將來有難，這種人不加害你，就是萬幸了，甭想他幫你了吧！由此看來，喜歡拿人好處，或是要人記著你給的好處，都不是聰明人，聰明的人都知道靠山山倒，靠人人跑，凡事還是靠自己最好。

不忮不求，心地光明

「不忮不求，何用不臧」是孔子讚美子路的話（文見《論語‧子罕》），因為子路能不把貧賤與富貴拿來作為判斷賢愚的標準，所以他就不以為自己貧困有什麼可恥的。曾國藩後來雖然官居極品，可以說是既富且貴，不過仍然常常拿這句話來教導他的兒子曾紀澤、曾紀鴻，要子孫們知道，賢與不肖的標準，是在內在的德行修養上，而不是外在的物質享受上。同治九年六月初四，他寄信說到：

「我這輩子對儒家的書籍略有瞭解，看聖賢教人修身的話很多，說來說去，就是以不忮不求為理論的重心。所謂忮，就是嫉妒陷害比你有才能的人，喜歡批評別人過失與人爭寵，這種人像韓愈《原毀》說的：『怠惰的人不能修持，卻忌諱別人比自己有德行』。所謂求，就是貪圖名利，心裡只想著自己能得到什麼好處，這種人就是《論語‧陽貨》中孔子所罵的『整天只怕自己沒得到好處，好處得到了又怕失去』。」

「忮的行為自己不常發現，通常出現在名氣、地位、事業都差不多的人之間；求的行為自己也不容易看穿，通常出現在有利可圖或與人爭取職位的時候。其實想讓自己有福氣，反而應該去除忮的心態，就像《孟子‧盡心下》所說的：『人能不斷充實自己不想陷害他人的心，那就是仁呀！』要令自己有品格，那便先要沒有求的行為，所以孟子又說：『人能不存著偷竊他人財物的心，這即為仁呀！』如果不能去除忮的心態，這便成一肚子害人害己的荊棘，如果不能沒有求的行為，那就是滿懷著愈來愈低的格調。我對於忮與求這兩件事，常提醒自己要注意克制，但悔恨自己還不能完全避免，你們若是想要心地光明，就從這兩件事上下一番苦功，並希望我的子孫世世代代都能以此為戒啊！」

明朝汪盈科的《聞記》有一個故事，大意是明太祖朱元璋去祭祀歷代帝王，竟然看到元世祖的塑像在掉淚，朱元璋笑著說：「你失去的是蒙古人本來沒有的江山，我得到的是漢人本來的土地，何必遺憾呢？」說完，元世祖的淚也就停了。能明白世上沒有必然非我莫屬的事物，自然而然就不會與人爭奪、陷害他人，心胸便會廣闊，眼界便會高遠。對於生死，東坡在黃州時曾說：「我雖又老又窮，但道理貫心肝，忠義填骨髓，對死和生的問題，應該一笑置之，不必介意，若遇到窮困就憂心鬱結，那就和不學道的人差不多了。」東坡也可謂真正的達人了。

生活智慧

由於得失心的作崇，人與人之間有許多爭奪，甚至演變成為戰爭，傷害了多少無辜。然而得與失衡量的標準何在呢？佛家教人佈施，就是要人瞭解有捨才有得，藉此去除貪念，轉凡成聖。我們是赤裸裸地來到世上，最後又雙手一攤的離開，得到了什麼又失去了什麼呢？

獨處時更需謹慎

除了在三十二歲時所寫的課程十三條以外，曾國藩在逝世的前兩年，還寫下了相當有名的四條日課，把前面的十三條與後來的四條相對照，我們可以發現它們在精神上是一貫的，這正足以證明，曾國藩對自己、對兄弟子侄們的要求，確實是擇善固執、堅定不移，不因時空的改變而有所更改。

同治九年十一月，他抄錄了這四條日課給兩個兒子紀澤、紀鴻，要他們兩個人相互勉勵並轉寄給他的堂兄弟，每天晚上、每個月終的時候，都要拿來反省有沒有確實的做到。這四條就是：慎獨、主敬、求仁、習勞。

曾國藩首先說到：「獨自一人時也不隨便，那麼心志就不會走偏。自我要求沒有比養心還難的了，既然心中已能分別什麼是善惡，卻不能努力的為善除惡，就是自己欺騙自己。當然，是不是欺騙自己，別人

不曉得，只有自己心中明白的很。所以《大學》中〈誠意〉那一章，就兩次提到『慎獨』啊！當我們心中真的做到了喜歡為善像喜歡美色那樣，討厭作惡像討厭臭氣那樣，盡力地驅散欲望，保持真心，那麼《大學》說的自省能力與《中庸》說的自我戒慎，都算是真的做到了。最後，就能達到曾子講的自我反省而不覺得有差錯、孟子講的面對別人時不覺得慚愧、反省自己時不覺得內疚。所以前人才會說培養心志最好的方式，就是減少欲望。」

　　「可以獨處時也不隨便的人，那他的內心對著觀察他的天地鬼神也不會感到羞愧，當他做起事來便能得心應手，不會退縮害怕，因為他是如此的心地光明啊！能保有愉快光明的心理狀態，是人生想自立自強時最重要的事，也是人生找尋快樂時最好用的方法，更是修身養性的必備條件呢！」

什麼才叫「成功」？「成功」的目的，不就是要能肯定自己的存在價值嗎？說一套做一套的雙面人，哪一個才是他自己他都不曉得了，所以最多只能得到別人未必真心的肯定，永遠無法自我肯定。不如拋開面具，將會活得更瀟灑、更真實。

恭敬治百病

受到宋朝理學家的影響，曾國藩時常講「居敬」、「主敬」，不過也許是因爲他晚年身體健康情況不佳，於是便把「主敬」的內在修養工夫拿來和外在的身體健康作呼應。他說：

　　「保持著自己端正的心，身體才會強健。『敬』這個字，除了是孔子教育的重心，春秋時候的讀書人也常常提到。到了宋代的程頤兄弟、朱熹夫子，更是把它拿來作爲論說的宗旨。他們認爲敬的工夫是：內在專一，靜寂沒有雜念；外在嚴肅，整齊而且規律。敬的表現是：外出像見貴賓，不敢隨便；用人如請神明，非常禮貌。敬的功用是：先能修養自身再來讓人民安定；講求誠懇恭敬然後使天下太平……我認爲敬與我們最貼近的功用是：能讓肌膚筋骨與內在的精神合一。」

　　「因此，莊嚴敬重自己的言行，身體自然就愈強壯；安逸放縱自己的舉止，精神自然就愈懶散。好比一個年老體弱的人，突然身處在莊嚴的祭祀典禮或危急的戰爭場合時，也會不知不覺地精神抖擻、意氣風發，所以我說『敬』可以強身。如果在待人處世上，不論何時何地，都是相當恭敬謹慎，不敢輕忽隨便的話，那就不用懷疑，身體必然是會強健的。」

　　有許多的研究都指出退休與失業人士，容易產生身體衰弱、血壓升高、心血管病、躁鬱症等等問題，這是一種心理和生理失調的現象。曾國藩所謂的「主敬」，就是一種心理治療，如同梁啟超最喜歡用曾國藩說的「精神愈用則愈出，陽氣愈提則愈盛」來鼓勵別人一樣。但是我們也不一定要過得像曾國藩一樣，時時都那麼嚴肅，只要不隨便耗費精神體力在無用的事物上，遠離散亂無目標的生活型態，讓身心取得平衡，自然就會減低花錢看病的機會。

有仁愛之心的人，
是第一等的人

「仁」是孔子一生的中心思想，對曾國藩來說，談「仁」就是要把它跟人連繫在一起。他說：

　　「懷著求仁得仁的心，百姓必然安樂。人的心性與形體是依循天地的道理所造化出來，因此我與萬物都是同樣出於一個源頭。如果只知道要謀求私利，而對人不知寬仁，對萬物不知愛護，這就違反了我們都是同出一源的道理。所以說當官的人，領著優渥的薪水，有著高尚的地位，就應該負起拯救人民免除痛苦飢餓的責任；讀書的人，掌握住聖賢的要領後，就應該負起教育民眾的責任。如果凡事只想到自己，而不能教育人、幫助人，那麼就是辜負了上天所給予的天賦。」

　　「儒家在教育學生時，最主要的就是求仁，其中又以『己欲立而立人，己欲達而達人』這幾句話，最為要緊。立，就是自己能自立自強，不怕遇到困難，像有錢人一樣，不必求人接濟；達，就是行為舉止合乎情理，像有權威的人一樣，不管說什麼，人家都會呼應他……後人論求仁最好的，是張載的《西銘》，他能去除我與人、

我與物的界限，將濟世救人看作是天性、是份內該做的事。能夠這樣想這樣做，才可以說是人，不能夠這樣想這樣做，那就是違反德性，是賊性。當自己讓天下的人都能自立、都能自達，又不標榜自己的勞苦德性，那麼別人都會歡歡喜喜的來歸向你了。」

生活智慧 孟子說：「仁者無敵」，這就是說，有仁愛之心的人，是第一等的人，別人不會也不能與他作對。人與人之間是相對待的，你越是不求回報的幫助別人，就越會得到別人的真誠相待，因此你的福氣就越大；反觀整天拿著算盤，只算計自己有多少利益的人，困難時，根本就得不到他人的相助，也絕不會是成大事業的人。

勤勞會受肯定，安逸會遭唾棄

由於是農家子弟，曾國藩雖然當了大官，卻看不起那些好吃懶做的有錢人家，他認為一個人的福份，是建立在他平常的所作所為上，所以說：

　　「養成刻苦耐勞的習慣，連神明都會敬重你。無論一個人的身份、智商、年紀如何，從古到今人性就是好逸惡勞的。假設說一個人他的吃穿，都是和他所付出的勞力相等，那麼旁人會讚賞他，鬼神也會認可他，因為這是他自食其力所應得的。我們看耕田的農夫與織布的婦人，一年到頭辛苦勤勞，好不容易地才獲得幾石米、幾尺布，但富裕的人，每天只會玩樂，不做正事，卻還是山珍海味、綾羅綢緞的吃呀穿呀，甚至躺著叫人來服侍他，這是天下間最不平等的事，連舉頭三尺的神明都看不慣，便會讓貧窮等著他們。」

　　「自從戰爭開始以後，我觀察到凡是有一技之長，又能吃苦耐勞的人，沒有不被人提拔重用、受人尊敬的。至於沒有長處，又不能勞動的人，最後不僅被人輕視，下場大多餓死凍死在街頭。所以說勤勞的人長壽、安逸的人早逝；勤勞會受肯定，安逸會遭唾棄；勤勞能夠幫助他人，使神明敬佩；安逸只會供養自己，使神明不高興。因此，要做一個人神共敬的君子，最主要的就是養成刻苦耐勞的習慣。」

　　人，不能以自我為中心，讓別人繞著自己轉，讓整個世界只有自己的色彩；人，也不能認為自己的最好，而取笑別人的愛好、興趣，甚至職業。世界是個大宇宙，每個人是一個小宇宙，無論是大宇宙，還是小宇宙，一樣的豐富、多樣、變化無窮。尊重自己、尊重別人、尊重自然的規律，世界更絢爛多姿，人類更和諧美好。

生活智慧

　　兩位億萬富翁，一位是靠樂透彩券，一位是靠白手起家，前者或許使人羨慕，但後者還更能贏得他人的尊敬，他們的差別就在於努力過程的不同。於是我們往往看到中得頭彩的人，在短短幾年內，就把億萬錢財花光光，過得比未得獎前還要困苦，正因為他的錢不是靠自己的血汗賺來的。

知識讓你更有魅力

曾國藩在道光三十年三月，應皇帝的要求，上奏了一篇〈陳言疏〉，裡面談到如何運用、培養人才時，曾國藩認為：

「想到讓有用的人才出類拔萃，就應該讓他從事學術方面的研究。漢朝的諸葛亮說『有才智還必須要具有學問，有學問還必須要先有識見』，真是一點兒也沒錯。但是要讓有文才的人都能好學，就要以身作則，才能夠感化大家。」於是他要道光效法打仗時也不忘讀書的康熙皇帝，要皇上「看到沒有才能的人，就獎勵他學習，藉以懲戒不專一、沒骨氣的習性；看到有才華的人，更要獎勵他學習，便可以化除他自以為是的想法。」

曾國藩用的是諸葛亮所強調的才、學、識三者並重的觀念。所謂的才、學、識，清朝大學者戴震〈答沈楓墀論學〉中說：「大家所說考據的方

法、寫文章的方法、講道理的方法，對我而言，就是才、學、識……考據主要強調的就是學問，寫文章主要強調的就是才華，講道理主要強調的就是識見。」由這裡，我們就可以明白，為什麼曾國藩會認為「做學問的方式有四種：有偏向義理的、有偏向辭章、有偏向經濟的、有偏向考據的……這四種缺一不可。」因為做學問都是以才、學、識這三者為基礎的。

古人說：「士大夫三日不讀書，則義理不交於胸中，對鏡覺面目可憎，言語無味」。不讀書會使人覺得說話缺了點氣質，那是千真萬確的。我們看很多政治上的領袖、綜藝節目的主持人，剛開始令人覺得很有魅力、很有興趣，但過不了多久，就被另一波潮流給趕了過去，最主要的原因，就是他們不能持續地學習，因此曾國藩也要皇帝自己多做學問。而才與學正是一個人識見高低的原因，識見高的人，他的才能與學問也會相對的提升，也更能明白人外有人、天外有天，便會更加謙卑，所以大學者都要人三者並重，就是這個道理。

生活智慧

凡事貴在專一

《禮記》上說：「沒有多和朋友討論，自己關起門來學習，就容易變得孤陋寡聞。」曾國藩最怕自己的弟弟們沒有好的老師、同學，來教育他們、互相切磋學問，因此他寫了三封信來討論這個問題。

　　第一封是道光二十三年元月，曾國藩首先介紹汪覺庵等名師，要弟弟們去學習，接著他說到家鄉求學環境的問題是「那裡的同學都是生平無大志的人，又喜歡嘲諷別人。家鄉沒有什麼可以討論學問的朋友，實在令人深感遺憾。這樣讀書不只沒好處，害處更多。環境會改變人的，所以說近朱者赤，近墨者黑啊！」

　　接著又在隔了一年後，要他的弟弟們跟著羅羅山專心學習，不要想著四處拜師學藝，因為「凡事都貴在一個專字，對老師不專一，那麼受益就不深；交朋友三心二意，沒有選擇性，就不能深交。當心理有專注的志趣，再求博覽群書廣交朋友以增廣見聞，也就沒有妨礙了。若是心志不專，見異思遷，變來變去沒有定性，就很不應該了。」

　　又隔了一年，曾國藩也逐漸發現家鄉的學習環境，實在無法提昇弟弟們的程度，於是他改以另一種方式鼓勵他的弟弟，他要弟弟們「不如安心下來，不要煩悶，在家鄉中獨立自修，雖然沒有良師益友，也能達到我所期許的第一等人物。從前有一位汪雙池先生，家境貧苦，只能在瓷廠幫人畫碗。到三十歲後才開始自己讀書，雖然沒有參加考試求功名，但是卻寫了幾百卷的書，成為我們清朝有名的儒者，他也沒有良師益友幫他呀！也從沒有出門求助人呀！我希望你們也能這樣，永遠都能記住『立志有恆』這四個字。」

生活
智慧

「為人子，方少時，親師友，習禮儀」，做學問首先若能得到良師
益友的輔助，相信是事半功倍的，但是更重要的是能專心一致，明白
自己未來的走向，好好的下一番功夫，如戴震就主張「學問貴在專精
而不在多，我讀書從來不以多取勝」。戴震還有一句話更好，他說
「大國手門下不出大國手，二、三國手門下教得出大國手」，就好比說
明星學校的學生未必就是明星，平民百姓願意努力向上也能當選總
統，想有一番作為，光靠別人是絕對不夠的。

腹有詩書氣自華

曾國藩對於人的面相有相當的研究，根據他長年觀察人物的經驗，他認為「能讀書深入的人，他的面色自然會發出潤澤的顏色」，所以他都勸人無論如何，千萬不要離開書本。

同治元年四月，他向兒子們提到「人的氣質，由於是天生的，所以很難改變，只有靠著讀書才能夠變化它。古代精通面相的方法中，都提到讀書可以把原來的骨相給更改成好的，如果要求改為好骨相，那必須先要立下堅定不移的志向。」

古人說一個人的好壞有五種決定因素：一是命，就是天生的性格；二是運，即是所處的環境、時代的潮流；三是風水，指祖先墳墓與居住的地理位置；四是積陰德，能夠做一些不欲人知的善事；第五是讀書，熟悉學習聖賢的言行。這五種更改人生境遇的方法，要屬積陰德、讀書最為方便可行了。明朝的袁了凡就是靠著積陰德而求官得官、求子得子，曾國藩則是強調讀書來變換氣質。

生活智慧

　　俗話說「腹有詩書氣自華」是可以理解的，但說光讀書就能改變命運，不如說將書中的道理，身體力行的做到、發揮，勇敢的挑戰艱難，便能脫胎換骨來的好些。

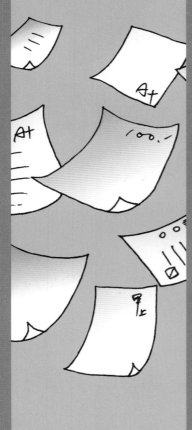

讀書不爲考試

古時候的讀書人和現在的學生讀書目的都差不多，大部份都是為了藉由讀書來通過層層的考試，最後謀取個一官半職，改善自己的生活環境。曾國藩二十八歲時考上進士後，對於讀書與考試之間的問題，有了新的看法。

　　道光二十四年五月，他要六弟國華在讀書與作八股文之中，慎重思考哪一件事才是重要的，他說：「六弟現在二十歲了，年紀也不算小，如果還是東摸西摸，搞不清楚方向，只會讀那些應付考試用的八股文章，等到年紀大了，肯定會後悔自己一事無成的。我年輕時不知道這樣想，幸虧我考上進士時還算年輕，沒有被考試給拖累……總之，我對弟弟們的期望，不是你們有沒有獲得功名，而是以能不能做到孝順父母、愛護兄弟為先，再來就是能寫出傳頌千古的佳作來。你們如果真的成熟長大了，應該懷抱遠大的目標，不要只想著考試求功名啊！」

　　不過，他還是怕家裡會給弟弟們壓力，要他們和曾國藩一樣有功名在身，於是在九月寫信給父母說：「我們家鄉只有彭薄野先生是個讀書人，除了他，沒有人強調看書的重要，大多數的人都沉迷在讀考試專用的八股文。他們都不曉得讀書與考試，並不是兩件事，不懂學問的人，照樣考不好呀！不論弟弟們考試的結果如何，文章寫得漂不漂亮，都要以讀書做學問為先，要不然將來年齡大了，要功名沒有，說學問也沒有，要想當個老師，資格都不夠，所以每天不管多忙，還是要他們看二十頁的經書、史書或詩歌文章，像我到現在天天也都這麼做呢！」

0 5 4 ─ 曾 國 藩 ， 你 在 說 什 麼 ？

生活智慧

　　在社會上文憑主義、家庭裡父母期許的壓力中，學生們從學齡前就開始不斷地補習，通過種種優勝劣敗的淘汰競爭，最後升上了大學、研究所。但是學生的視野卻愈來愈小，做人愈來愈失敗，結果高學歷的人反而難找工作，為什麼？因為只有極少數的人認真思考過讀書的目的是什麼。把曾國藩的話放在現代，就是說不要只讀考試才用的到的教科書，先要搞清楚讀書的目的就是學習做人。如果要研究學問，那麼廣泛地閱讀優良的課外讀物，不僅可以幫助你考試，還可以奠定你未來人生的基礎呢！

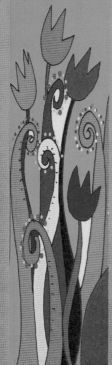

做學問的方法

　　曾國藩的讀書方法除了有恆以外，還有一部分是他晚年總結出來的心得。同治六年十月，他希望他的弟弟們都能用心的指導自己的兒子多讀書，所以誠懇的建議說：「我看家族中的晚輩，一個個身體虛弱，讀書又不長進，我希望能用以下四種做學問的方法來激勵他們：第一，對不熟悉的書，應該看快一點、多一點，否則見識太少；第二，從前讀過的書要再看熟、多背誦；第三，練字要有恆心，字寫得不好，就好像人沒穿衣服，山沒有長樹木；第四，寫文章要用心的再三考慮，文章寫得不好，就好像人啞了無法說話，馬跛了無法走路一樣。這四種方法缺一不可，也是我反省這一生後所得的感想，從今以後，也希望弟弟們能夠用這樣的觀念來教育下一代。」

杜甫說：「讀書破萬卷，下筆如有神」；孔子講：「學習後要能時常溫習它」；荀子說：「學習不可以停止」；《易經·繫辭》講：「注重一言一行，是作君子的關鍵，所以言行就是君子獲得榮耀或羞辱的主因，怎麼可以不謹慎呢？」以上種種，可以看出曾國藩對晚輩的開導，都是有根據、是用心良苦的。

生活智慧

曾國藩的讀書心得就是多讀、熟背、有恆、用心。他總是要自己的兒子多看、多讀、多寫、多做，而能夠將這四種學習方法落實的人，才能稱為博士。

挑好書來讀

有一次李希庵問曾國藩要買什麼書來讀，曾國藩告訴他：「我認為從古到今，書多的像海一樣，但是真正的經典，不過數十種而已。首先是十三經，再來是二十四史與《資治通鑑》，子部就讀先秦的十家，集部讀《昭明文選》，除此之外，其他書都是抄襲以前的人所說的道理當作是自己發明的道理，或者是把別人書中的精華集在一起。我說的經典，就像是連接山巒的主脈，你如果要買書來看，希望你多買一些經書、史書，少買後來的人自己編集的書。」

　　咸豐九年四月，他也是這樣告訴他的兒子紀澤說：「買書不能少，但看書要有輕重的選擇。以韓愈這樣的大學者為例，他都說真正的好書不過是《易經》、《尚書》、《詩經》、《春秋左傳》、《莊子》、《離騷》、《史記》等等。」而曾國藩說他自己認為最喜愛的書也只有《史記》、《漢書》、《莊子》、《韓文》四本而已。

挑好書來讀

生活智慧

　　書讀的多，不一定就真的有學問，但是書讀的少，就沒有辦法像韓愈、曾國藩這樣能夠辨別出它們的優劣來。眼力、見識是可以訓練的，現在的書籍比起從前不曉得要多上好幾十、幾百倍，但若是將同類的書加以收集比較，會發現許多書只不過是重複、抄襲前人的觀念，當然也就能一眼看出它們之間的高下了。每一種領域中都有佼佼者，細讀他們的作品，然後發揮自己的見解，才不會浪費了寶貴的生命。

高明與精明

讀書主要在求明理，但是怎樣才是明理呢？曾國藩對剛上任的吳翔岡說：「遇到任何事情，最重要的就是『明』字。『明』有兩種：一種是高明，一種是精明。好比都在同一個地方，爬上高山上的人就能看得比較遠，站在城牆上的人就能看得比較廣闊，這就是我所謂高明的意思了。又好比面對同一個東西，猜測它有多重不如用磅秤來量，用眼睛說它的長短不如用尺來量，這就是我所謂精明的意思了。通常要一個比別人高明的人，不心高氣傲，自以為是，讓他平平實實的做人處世，是很難的，不過若是能夠把每一件事都想得很精確，與預計相同，就能逐漸使自己踏實，能踏實便能安於平靜。」

有些人覺得自己書讀很多，程度比起一般人要好的多，於是就不甘心自己過的是平凡的生活。這樣子的人，若是出人頭地，常會用高姿態來對待別人；若是不受人重視，就會怨天尤人，這都是自以為高明的結果。

曾國藩認為真正高明的人，在通過了許多實際的經驗後，就會瞭解平實的可貴。金庸的《天龍八部》中，武功修為最高的不是哪一個門派的掌門，而是一個在少林寺負責掃地看門的無名老僧，道理就是在這裡了。

才藝太多反而不能謀生

道光二十二年九月，曾國藩告訴弟弟們「我們讀書只爲了兩件事：第一是增進自己的品德，講求的是《大學》所說誠意、正心、修身、齊家的道理，以求報答父母親的養育之恩；第二是修習學業，熟悉寫文章的方法，以求足夠養活自己。關於增進品德，不是三言兩語就可以說明的，至於如何修習學業，以求足夠養活自己，我的看法是：養活自己主要靠的是能有一個職業，農人、工人、商人做的是勞力的工作，讀書人做的是勞心的工作，不管你當官員、老師、幫人辦事情的、替人出主意的，都必須要有自己的專長，才能問心無愧養活自己。因此科舉考試雖然是當官的一個過程，但也應該要培育自己的專長，想想當官後有沒有足夠的辦事能力，這樣考上才不會覺得羞愧。」

　　「有沒有職業、發展如何，這都是天命，我們無法作主，但學業能不能專精，卻是自己作主的。我從來都沒看到過修業上表現得很好，但是找不到工作的。例如農人用心耕種、商人屯積物品，雖然有時會遇到天公不作美、經濟不景氣，但只要用心等待時機必能有大收穫、發大財。讀書人也是一樣的，只要在學業上能專精，怎麼會得不到肯定呢？就算是考運不佳好了，難道就不能選擇其他的職業嗎？所以怕只怕沒有用心學習。學習要好，沒有其他的方法，就是專心一意。俗話說：『才藝太多反而不能謀生』，就是因爲沒有一件專精的才藝呀！我自己也犯了這個不專注的毛病，就像是挖了很多口井，可是都不深，結果還是喝不到水的意思一樣啊！」

　　《論語》記載有一天，孔子的學生子張告訴孔子，他想要學當官賺錢的方法，孔子告訴他：「做官的方法就是好好修習學業呀！」我們讀《莊子》，其中講到能夠殺牛十幾年用不壞一把刀的庖丁，還有抓蟬決不失手的老人，他們都是專注於一件事，所以能達到令人神乎其技的專長。

生活
智慧

　　曾國藩在道光二十四年十月跟弟弟們說「考場裡面，偶而會有文章寫得差卻僥倖考上的，但絕沒有文章寫的一流卻被人埋沒的。」由於學制的改變，只要環境允許，不用靠僥倖也能讀大學，但是出了社會卻發現，沒有人靠僥倖能成就一番事業的，學生與其擔心未來要找什麼工作，不如先問自己，我的工作能力在哪裡？

寧願當愚人，絕不當小人

曾國藩在一篇名爲〈才德〉的筆記中，談到他對聖人、愚人、君子、小人的看法：

「宋朝的司馬光說：『才能與德行都能兼具的，就是所謂的聖人；才能與德行都沒有，就是所謂的愚人。德行比才能還要好，就是所謂的君子；才能比德行還要好，就是所謂的小人。』我則是認爲德行與才能，不能偏重或輕忽哪一個。德行就像是雨水，才能就是用水來灌溉田園的器物；德行又好比是影響樹木彎曲或直立的原因，而才能就是指成爲屋樑或船隻的材質。所以若說德行是水的源頭，才能就像是水起的波瀾；若說德行是樹木的根部，才能就像是樹木的枝葉。」

「所謂愚人的定義，接近於有德行卻沒有才能的人；所謂小人的定義，接近於有才能卻沒有德行的人。大致上來說，世上的人大多不願意人家說他是個愚人，所以都希望自己是一個有才能的人；世上的人又大多不願意與小人交往，所以喜歡用德行來觀察別人。我想如果沒有辦法兩者兼備的話，那麼與其做一個沒有德行的小人，不如當一位沒有才能的愚人，這是我自己修行的方法，也是我觀察用人的方法。」

對曾國藩而言，聖人、君子都是指才德兼備的人物，聖人之所以是聖人，就是因爲才德兼備、文質彬彬很難達成，所以他寧願當一個有德行的愚人，也不願做一個賣弄才華的小人。他曾經告訴宋滋久說：「我們讀書人，做起事來通常都很笨拙，但是笨拙沒有關係，只要勤勞一點、謹慎一點就可以補救了。千萬不可以賣弄聰明，否則事情反而會弄得更糟。」

生活智慧

　　真正的讀書人，他的優點就在能夠明白事理，若是喜好處處賣弄自己的聰明，那就變成一個小人了。我們看《三國演義》的時候，會喜歡蜀漢劉備所領導的人物，卻不愛曹操旗下的團隊，就是因為一個是用人以德，一個是用人惟才的緣故啊！

曾國藩的日記可分為許多類，其中關於做學問的最多。他常常引用儒家經典如《易經》、《論語》的話，來抒發他對事物的感想。例如《論語・憲問》：「古時候的學者做學問是為了要修養自己，現在的學者做學問是為了求他人肯定」。這句話讓曾國藩有很深的感觸，他說：「凡是讀書，都有為了要修養自己與為了求他人肯定的區別。為了求他人肯定而讀書，就算有自己的心得，但日子一久就忘了。像我對於杜甫的詩，雖然有時會有特別的領悟，但反省自己批寫心得的時候，經常是為求他人的肯定才寫，像這樣的方式能夠得到杜甫詩的精髓嗎？」

同樣的觀點，使他認為「這個朝代出了許多博學人物，但是其中為了求他人肯定的多，為了要提昇自己見識的少……學者應該先要用心把為了求他人肯定而做學問的方法拋開，然後才能用力專注於研究的課題上，好像種桃得桃，種杏得杏那樣。要不然就像要種一棵根部離開土壤，卻還能開花結果的樹木那樣，是不可能的呀！」

要想純粹的為了自己讀書，就必須先靜下心來，對向未深入明瞭的學問，先不求批評，保持著敬重的態度，還要對世俗的名利看得很淡薄，不要老想著一定要和前人不同、比別人厲害才是。看出了這一點道理的曾國藩說到：「我

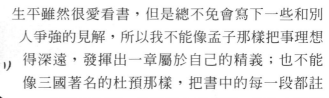

生平雖然很愛看書，但是總不免會寫下一些和別人爭強的見解，所以我不能像孟子那樣把事理想得深遠，發揮出一章屬於自己的精義；也不能像三國著名的杜預那樣，把書中的每一段都註解得很圓滿。我雖然上了年紀，卻沒有對哪一本書是專家，沒有做出有成就的學問。

現在我精力、體力大不如從前，應該從『敬、靜、純、淡』這四個字上，用心地去體會、實現。縱使比不上孟子、杜預，但是能夠培養出心胸中一股恬適閑靜的書香氣息，也算得上為自己讀書吧！」

才華洋溢的諸葛亮在還沒有出茅廬之前，門上寫著「淡泊以明志，寧靜以致遠」，根本就不認為沒有人看重他有什麼好遺憾的，正因為他能肯定自己的學識，而不需要藉由與人爭權奪利來表現自己有多厲害。為了受別人肯定才做學問，就像是為了求自己福報才去佈施一樣，都是欺騙自己的、都是徒勞無功的，所以佛經上才會一再強調，把求福報放在心上，就不是菩薩了。

> **生活智慧**
>
> 　　曾國藩曾經寫了一副座右銘「不為聖賢，便為禽獸；莫問收穫，但問耕耘」。人人都想要出人頭地，但是做領袖的有幾個，與其處處和人爭強好勝，炫耀自己，最後反而被人鬥倒，落了個身敗名裂的下場，不如安份守己，默默地修身養性，或許時機來臨時，自然會有貴人來幫助您。

留一條路給自己

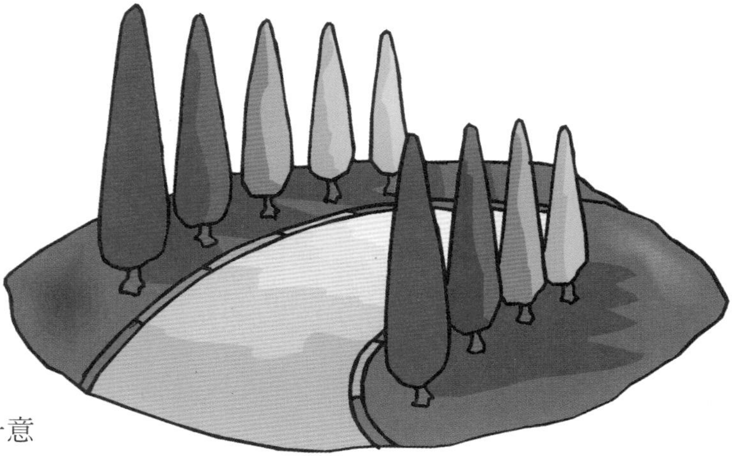

一個不平凡的
人，他的想法往往與普
通人相反，常人想的是
「人往高處爬」，於是一心一意
的工作、求富貴。但是曾國藩認為，
人生就像海浪一樣，有高峰也會有低潮，因此同治元年閏八月，他向四弟國潢說
「氣象興旺的時候，要常想有氣勢衰竭的一天；在別人頭上做官的時候，要記得會有
在別人眼下當百姓的一天，富貴的人家，不可不記住這兩句話。」因為能如此想，
曾國藩雖然天天在京城處理公事，可是從來沒有一天忘掉家庭的重要。

同治六年五月，他對在家中教養兒孫的妻子說：「我當官不過是一時遇到的差事，處理家務才是長遠的計畫，如果家中能夠在勤勞儉樸、耕耘田園、勤奮讀書上有好的根基，即使我有朝一日罷官了，家裡仍然可以有一種興旺的景象。如果只是貪圖當官的樂趣，不管家鄉情況如何，那麼當辭官下台的時候，家中景氣也會跟著蕭條了。凡事有盛就有衰，不可不先做好打算。希望妳教育我們的兒子、媳婦，都要當作家中沒有人在做官，對人處世時時心存謙讓、恭敬、節省的想法，那麼家裡永遠都會有福氣的啊！」

 生活
智慧
　　諸葛亮受到劉備三顧茅廬的感動，準備出門開創一番事業的時候，回頭向他弟弟諸葛均講「要繼續在這裡耕地，不要荒廢了農事，等我事成之後，回來歸隱。」諸葛亮這句話的用意很深，以他的才華，要做高官、領高薪不是難事，但他凡事都能退一步想，知道命運是難以掌握的，所以才能夠步步為營，建立起蜀漢。因此我們若能夠凡事都退一步想，那麼等到有朝一日「眼前無路想回頭」的時候，就不怕無路可走了。

八字箴言

曾國藩對於家事特別地關心，主要的原因還是受到了祖父曾玉屏的影響，咸豐十年閏三月，他對成為一家之主的兒子紀澤說到：

　　「從前我的祖父星岡公最講究治家的方法，他說第一要早起、第二是把家裡打掃得乾淨整潔、第三是誠心誠意的祭拜祖先、第四是對待親戚鄰居要友善。凡是親戚鄰居到家裡來，都必須恭敬客氣的接待他們，他們在生活上遇到急需，就全心供給，遇到有糾紛，就全心排解，遇到有喜事，就去錦上添花，遇到有病患，就去雪中送炭。除了這四件事情之外，對於讀書、種菜這些事，更要時時地注意。所以我最近這段時間所寄的家書裡面，還常常提到讀書、種菜、養魚、餵豬這四件事，以上所說這八件事都是祖父星岡公所傳下

來的家法啊！」以上這八件事，曾國藩把他濃縮為「早、掃、考、寶，書、蔬、魚、豬」八個字，並且常常提到，還寫成壽屏給他四弟做為當年的生日禮物。

　　過了七年，他又再向四弟國潢強調這八件事，說：「家裡要興旺，全靠能出賢達的子弟，如果家中子弟們沒有賢德又無才能，雖然積藏許多錢財、糧食、土地、華服、書籍，都是一場空。子孫能不能賢明，六成靠天生的才分，四成要靠家庭的教育。我們家族每一代都有留下訓示，尤其是祖父星岡公的家規更應該遵守牢記。最近我把它編成八句：『書蔬魚豬，考寶早掃，常說常行，八者都好；地命醫理，僧巫祈禱，留客久住，六者俱惱』。因為祖父最不喜歡看風水的、算命的、賣藥的、化緣的、作法的這五種人進門，對於親戚朋友，長期賴在家中不肯走，也很生氣。這八好六惱，我們家應該永遠拿來遵守，作為家訓。以後的子孫就算笨，也知道該怎麼做。」

生活智慧

　　作為一個農夫，曾國藩的祖父曾玉屏的見識卻是高人一等，平常人最喜歡看風水、算命、賣藥、化緣、作法的這五種人，他一概討厭，因為這五種人都容易造成普通人的迷信，利用使人恐懼害怕的手段，進行騙人錢財的技倆。曾國藩和他的祖父有同樣的想法，就是認為只要自己行得穩、坐得正、作息正常，那便不用吃補藥，不怕鬼敲門。至於那八好，便是修養自己腳踏實地的根本，可見得持家之道與一個人的身份地位沒有必然的關係。

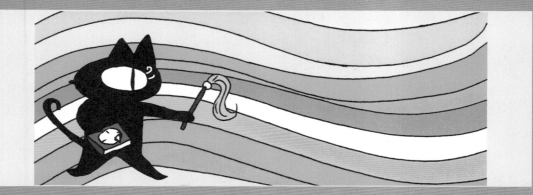

立身處世的八本

鐵口直言

咸豐十一年二月，曾國藩要四弟轉告家中的兄弟侄子們「要牢記祖父說的『早、掃、考、寶，書、蔬、魚、豬』這八個字，還有祖父所說『不信地師、不信醫藥、不信僧巫』這三不信。我在日記中，自己又提出了八本『讀書要以明白字義為基本、作詩寫文章要以聲調有變化為基本、奉養父母要以讓他們愉快為基本、養身要以不生氣為基本、樹立自身要以不亂說話為基本、在家要以不晚起為基本、當官要以不貪錢財為基本、帶兵要以不騷擾百姓為基本』。這八本都是我自己的經驗，才有把握這麼說出來，請四弟要大家把以上說的記明白。不管社會風氣是好是壞，家中環境是貧是富，只要守住祖父說的八字、我說的八本，那就是一個好的家庭了。」

曾家以三不信作為家訓，正是因為家裡的人時常相信地師、醫藥、僧巫，例如曾國藩在道光二十九年三月就說：「平常我是最不信風水的，但深信朱熹所講『環山抱水能藏風聚氣』。像木兜沖那塊墳地，看來不怎麼樣，卻使得後人得到福澤……家裡要買葬地，若是太貴就算了，若是幾千，買一二處也沒關係。」庚申十二月的日記說：「自八年秋天開始，常吃鹿茸藥丸，是我不能嚴守家訓的一項，以後要慢慢戒掉它。」後來他又叫九弟不要再相信乩童的話。從以上種種，我們可以看出曾玉屏的家訓的確是很切實際、很有遠見的。

生活
智慧

通常我們要瞭解一個人的缺點，問問他的座右銘是什麼，大概就能略知一二了，因為奮鬥的目標總是自己做不到或是還沒有做到的。

當好官
先治好家

由於曾國藩在朝為官，因此當他談到家庭興旺或衰敗的原因時，常常與他政治上的想法相通，他曾說：「國家與家庭的興起，都是靠著勤勞儉樸，若去做相反的事，便會衰亡。」

　　另外，他在戊辰年四月的筆記上，把當官和持家的注意事項放在一起比較，他說：「從前我寫下做官四種失敗的原因，還有家庭四種敗壞的原因，現在重新改為居官四敗：無能懶惰、放縱部下的必敗；驕傲狠毒、狂妄自大的人必敗；貪心卑鄙、肆無忌憚的必敗；反覆無常、喜歡詐欺的必敗。居家四敗：有奢侈放蕩的婦女必敗；有驕傲懶散的子孫必敗；有不能和睦相處的兄弟必敗；有侮辱師長、怠慢客人的必敗。當官的家庭，不犯這八種失敗的毛病，大概就可以保持長久的好氣象了吧！」

生活智慧

很多人會以為《大學》裡所講的「格物、致知、誠意、正心、修身、齊家、治國、平天下」是八件事，其實它們是同一件事，缺少了任何一項，都算不上是做好。所以在《論語》中，有子說：「如果一個人能夠孝順父母、友愛兄弟，卻喜歡侵犯長輩是很少見的。不喜歡侵犯長輩，卻喜歡作亂的人，從來也沒聽說過。」我們仔細看曾國藩說的居官四敗、居家四敗，原因都相同，歸納起來就是懶散、驕傲、貪心、奢侈這四種毛病。

挫斷足脛，再站起來

看曾國藩對家人的反覆叮嚀中，我們可以體會出他不忘本的精神，這個本，就是耕讀傳家。咸豐四年四月，他對弟弟們說：「我們家的子孫，都要記住一面耕種、一面讀書，守住祖先所留下來的基業，千萬不要有當官的樣子。出門不可以坐轎子，也不准叫人幫忙倒茶做其他的事。遇到要撿柴生火、挑糞灌溉這些事，必須自己親自去把它一一完成；插秧割稻這些事，也要常常學著去做，希望這樣就能漸漸地知道不忘本，也就不會習慣奢侈放縱了。」

所以他要自己的弟弟給姪子們做一個好榜樣，同年八月，他說：「各位弟弟不愛整潔，習慣比我還差，這是一種家庭衰敗的前兆呀！以後務必記得要細心的將東西收拾整齊，連摺紙、捲線、撿竹頭、掃木屑這種小事也要放好收好，作為你們兒子的好榜樣。上一代懶散怠惰，下一代就會更加放縱，然後就會有玩的日夜顛倒，學習抽鴉片的事情發生……所以除了要姪兒們讀書以外，叫他們學著掃地、擦桌椅、挑糞施肥、鋤草灌溉，都是相當好的事，千萬不要以為會丟臉就不去做了。」

曾國藩要家裡的晚輩不要忘了種田的工作，就是擔心他們生活安逸，失去求生存的能力，將來便一代不如一代。不過，除了耕讀兩件事以外，曾國藩認為還有更重要的，那就是孝順父母與友愛兄弟。在道光二十九年四月給弟弟們的信中，說到：「我仔細思考過，凡是天底下做官的家庭，大部份在當官的那一代就享受完了，很少有過了二代還是興盛的。他們的子孫剛開始的時候驕傲的不得了，然後等到家族沒落了，就四處求人援助，最後終於餓死凍死在路上。做生意的家庭，省吃儉用的話，還可以勉強支撐個三、四代。

耕種讀書的家庭，謹慎樸素的過日子，能夠延續個五、六代沒問題。若是孝順父親、兄友弟恭的家庭，可以有十代、八

代的好日子可過……所以我才要告訴你們，但願我們是耕種、讀書、孝順、友愛的家庭，不願是當官的家庭。」

「種瓜得瓜，種豆得豆」。年輕的一代，常被人戲稱為經不起一點壓力和打擊的「草莓族」，造成他們出現的原因，是由於受到吃苦耐勞的「螞蟻族」父母極力的照顧。天下父母心，誰希望自己的孩子吃苦，但別忘了，沒有吃苦哪有福享，只享福會讓後人吃苦。

生活智慧

陳之藩在〈哲學家皇帝〉中談到希臘哲人想出一種訓練帝王的辦法，這個辦法是「從生硬的現實上挫斷足脛再站起來，從高傲的眉毛下滴下汗珠來賺取自己的衣食」。因此要讓子孫代代都有福可享，就必須是「從做中學」，更要緊的，是以自己作為孝順、友愛的典範，讓子孫模仿學習。否則培養出一個不耕不讀不孝不友的人來，對家庭有何益處呢？對社會有何幫助呢？

不買田、不積錢，
子孫自立自強

讀書、做官、求富貴，人人都是這麼想，惟獨曾國藩和人不同，他在同治四年五月告訴四弟國潢、九弟國荃：「我不希望我們家中每一代都得到富貴，但希望每一代都能出秀才。秀才是讀書的開始，是書香世家的招牌，又像是家中插著寫上了禮義的旗幟呀！」同治五年十二月，又向兒子紀澤說：「讀書才是我們貧寒出身的基本事業，所以新居的擺設，千萬不能有做官的味道……你不要有代代都是當官的想法，必須要有代代都做讀書人的想法。」

正因為有著這樣的見地，他一再的要家裡的每一個人，不要把心思放在身外之物上，例如：戊午十月的日記上寫著「當官人家可貴的地方，不是買了很多肥美的田地、華麗的房屋，也不是收集了很多名貴的字畫，而是他們的子孫都能夠自立自強，奮發向上的讀書學習，做人沒有一丁點兒的驕氣、傲氣。」咸豐十一年十月，向兩個兒子說「錢財與田地、房產，最容易增加你們的驕傲和放縱，我們家中絕對不能累積財富，也不可以買田，只要你們兄弟倆努力讀書，絕不用怕以後沒有飯吃。」

不過他的弟兄們，似乎沒有把曾國藩的話聽進去，在丁卯四年的日記上，他寫到「聽說家裡重新修補了『富厚堂』，總共花了七千串的錢，真讓我嚇了一跳，怎麼會用了這麼多錢呢？我一輩子都認為造房子、買田地是當官人最壞的習慣，所以發誓不做，沒想到這次這麼浪費，我以前說的話都不能算數，這叫我以後怎麼見人啊，真是太丟臉了！」

由於曾國藩出身農家，他深深的感受到一般老百姓的痛苦，因此他認為買田地的目的，是來供養貧苦的鄉民和族人。道光二十九年七月，他剛去京城當官的時候就向弟兄們說：「今年江水氾濫成災，國家有一半的人民受到傷害，當一個官員，怎麼忍心在自己應得的薪水以外，還多拿人民的納稅錢呢？我想買一個義田來救助窮苦人家的願望，恐怕不能達成了。但是我準備把每年所收的薪水，扣掉給父母的生活費後，其他多餘的錢，拿來

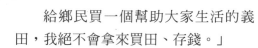

給鄉民買一個幫助大家生活的義田，我絕不會拿來買田、存錢。」

俗語說：「家中無才子，官從何處來」。一個不明事理的人，就算給了他一筆錢、一個官位，他終究是做不好事情，要下臺一鞠躬的。又若是每個當官的人都能像曾國藩那樣，做到了岳飛所說的「文官不愛錢，武官不怕死」，那麼國家自然不會因為貪污而有不公不義的事情發生，人民的生活也自然安定，受到保障。

生活智慧

我們看到許多富豪留下了大筆的遺產，結果是富不過三代，子孫們為了爭奪遺產，吵的面紅耳赤、六親不認，最後家道中落，再也沒有人會去懷念祖先、祭祀祖先。所以只有傻子會用錢去培養親情、結交朋友，因為一旦金錢無形中取代了情感，那麼錢沒了，關係也就只好中止了。

家富小兒驕

曾國藩知道自己與弟弟們都在當官，官場上的每個家族子弟，最容易憑藉著權力與財富而奢侈、驕傲，於是在咸豐六年十一月，告戒兒子紀澤說：「世代為官的子弟，最容易有奢侈、驕傲的毛病。奢侈不是吃山珍海味、穿綾羅綢緞才算，只要衣服積的太多、習慣出門要坐車馬、用僕人，那就是奢侈的開始。看到鄉下人就嘲笑他們說話樸拙、衣服簡陋，對雇來的工人大聲使喚，那就是驕傲的表現了。《尚書》說：『世代為官的家庭，很少能保持禮貌的』，《左傳》說：『驕傲奢侈過度放縱，都因為得到太多恩賜』。京城裡的不良少年，都是因為太奢侈、太驕傲引起的，你和你弟弟絕不可以這樣子。」

為了怕自己貪圖錢財，家人有奢侈的本錢，曾國藩從當官以後，就不把錢財寄放在家中，因此家人有時甚至於還要向別人借錢。咸豐八年五月，他向九弟國荃說：「我在外面當官，沒有把錢財放在家中，實在是由於剛做官時，就暗中發誓不要讓家裡累積太多財富，又曾寫

給各州縣的官員，告訴他們我『不要錢，不怕死』，表示我不想欺騙自己的良心。沒料到，這樣反而讓老爸爸生活出現問題，還要四處向人周轉金錢，一想到這件事就讓我很難過。」

從曾國藩的金錢觀念中，我們看到他一方面展現了讀書人的骨氣，另一方面也看出他對家庭的真心關懷。俗話說：「家富小兒驕」，《紅樓夢》中大觀園裡，除了賈政以外，每一個賈家的子孫都可算是「天下無能第一，古今不肖無雙」，他們之所以無能、變成為不肖，都是「幸虧」有了祖先的庇蔭。

生活
智慧

孟子講「富貴不能淫，貧賤不能移，威武不能屈，此之謂大丈夫」，他所說的大丈夫裡面，我們最難看到的就是雖然富貴卻不會過度奢侈的人了，曾國藩曾說自己所有的衣服也不值三百金，可見他不是要獨享財富。而他不把錢放在家中，便是真正的明白「愛之適足以害之」的道理。

不用特權干預公權

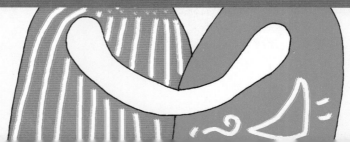

曾國藩深知官場文化，知道行政機關都有官官相護的習慣，有的是為了賣人情、做人情，或者是拍上級長官的馬屁，所以他不希望家中的人會為了私事或替人出頭而到衙門去關說。

道光二十五年五月，他向父母建議說：「九弟國荃考試時，嚴麗生把他的名次放在前面，本來應該要寫信謝謝他，但是因為他當官的名聲不好，所以我不願意謝他，不知道您們認為如何？我們家既然已經是官場的人了，千千萬萬不要到衙門裡去管公家事，否則會被長官看不起，就算是家裡出事，情願自己吃虧，也不可以和人打官司，否則會被長官認為我們仗勢欺人。」

不過曾國藩的父親沒聽進去，還是喜歡管閒事，因此同年十月，他又拜託叔父母：「聽四弟、六弟說我父親最近常去省城、縣城衙門，為蔣市街的曾家和長壽庵的和尚，要求說明有關墳山、命案的事。雖然是做好事積陰德，但已經干預了公家的判案。我現在是京中的四品官，外放就是按察史。所以你們干預判案，這些地方官都敢怒不敢言，不管事情合不合理，如果不是自己的事，都不應該參與。地方官員表面上敷衍你，心裡卻看不起你，假如因為言語上冒犯了他們，受到處罰，我雖然當官也幫不上忙，那我心裡就會很內疚。所以無論是什麼事，都請叔父母勸我父親不要管人閒事。」

正因為曾國藩的地位比地方官高，所以他才要家人凡事都要忍耐。道光二十八年五月，這一次家鄉的新官剛上任就要加收稅金，鄉裡的人都不滿意，曾國藩向弟弟們說：「縣裡的新官要加重稅金，我們家不要多管，隨便他加多少，我們家就照辦；如果有人要告他，我們家也不要參加。凡是大官的家庭，一點公家事也不要去插手，這才合乎體制。說什麼為民除害，那是父母官的事，不是叫你們去把父母官給除掉。」那麼要如何和父母官相處呢？他在同治四年九月跟四弟國潢說：「對於我們縣裡的父母官，不需要讚

美他多賢能，也不可以罵他多無能。和他們相處，應當是不親密也不疏遠，他家有喜事喪事，我們才去幫忙，他有公事要地方人士幫忙的，我們家既不強出頭，也不躲避他。至於他官位的交接，有人事上的拜託，我們千萬不要去管他。」

曾國藩，你在說什麼？

生活
智慧

中國人總有人情的包袱，因此在法院、醫院、公家機關等都流行所謂走後門送禮金的「紅包文化」。收紅包、拍馬屁的人固然沒有良心，送紅包、攀人情的人也並非沒有責任。先不管影響不影響公平正義，要想想他今天收你紅包才肯幫你辦好事情，社會上那些窮困的人該怎麼辦？曾國藩為了保護自己和家人，顯然有點膽小怕事，但是在現在這個民主的時代裡，就不應該還有走後門的想法，只要是收紅包才肯做事的公僕，就用選票把他給換掉，這樣國家才有希望，生活才會有保障。

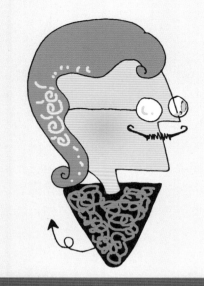

多看別人的優點，
作為自己的榜樣

道光二十三年正月，曾國藩給弟弟的信上寫到：「一輩子的成功與失敗，都和你所交朋友的好壞息息相關，不可以不小心啊！」因此他時常告訴兒子們，選擇朋友是人生第一件重要的事，必須要選擇懷抱著遠大志向的人呀！

曾國藩所結交的朋友，不僅是關係密切，可以暢談古今天下大事、政治策略、學問、人生等等，他們通常都是直來直往的批評規勸對方的過失。例如在壬寅年的日記上寫到：「陳源袞（岱雲）來我這裡談了很久，我們彼此相互勉勵對方。我所說的都是自己還沒有做到卻要別人做到的，而陳源袞要我首先戒除掉輕視的態度，他說我每個地方都有輕視別人的味道，真是說到了我的問題所在啊！」他又說我「以為和朋友關係很好，因此說話有時候說的太重，沒有給人家保留面子，最後常常是小吵一架，甚至還搞到翻臉絕交，不可以不小心呢！」「你曾國藩做起事來雖然小心謹慎，但是對人太刻薄沒有人情味，所以反而需要處處提防。」

對於朋友以上的規勸，曾國藩都能虛心的接受，因此在筆記〈英雄誠子弟〉中，他說：「小心不要用自己的喜好強加在別人身上，要能看到別人的好處來做為自己的榜樣」。又在咸豐元年五月告訴弟弟們他的感想是「交際的方法，寧可少一點好一點的益友，也不要交到太多沒用的損友」。

《史記》上說：「不知道這個人的品行如何，那就看他交的朋友是怎樣就知道了。」交到好的朋友，可以相互激勵，做起事來如虎添翼，但是交到惡劣的朋友，只會扯你的後腿，凡事都想拖你下水拿你的好處，因此古時候的名人，都把交朋友視為一門必修課程，荀子就認為「要選擇風俗純美的環境來居住，要親近學問飽滿的人物」，明代的楊繼盛要他的兒子「看到穩重的、忠厚的、肯讀書、能上進的人，你就和

他深交，言語行為都以他為榜樣，天天和他在一起，那麼自然會變成一個優秀的人，不會變成一個下流的人。」

生活
智慧

北齊顏之推說「年輕人還沒有定性，他和朋友交往的時候，雖然沒有刻意去學別人，但是日子久了，言行上自然就會相像……因此跟善良的人相處，就像到了養蘭花的花室，久了全身都香，跟惡劣的人相處，就像到了賣魚的魚舖，久了全身都臭。」

對人恭敬
會受到更多人的愛護

「敬」字是曾國藩修身立德、待人處世的主要標準，他在〈居敬箴〉中說：「沒有一個人有資格驕傲，沒有一件事是可以隨便的，隨便做事一定一事無成，對人沒有禮貌，別人也不會對你客氣。就算別人不指責你，讓你氣燄更長、更驕縱，只會使更多人瞧不起你，上天自然會處罰你。」

　　咸豐八年七月，他跟紀澤說：「做人的方法，從前的聖賢說來說去，其實就是恭敬的『敬』字與寬恕的『恕』字而已。」所謂的「恕」，就是指《論語》裡面待人寬容為人著想，反省自己律己嚴厲的「忠恕之道」。至於「敬」，他在〈覆葛睪山〉這封信中談到「我這一生，因為待人不恭敬、做事無恆心兩件事，讓我五十歲了都沒有一件事情是完善的，真是深感慚愧啊！所以最近一看到知心的好友和學生以及親戚中的晚輩，我都勸他們要把這兩件事放在心上。敬的意思，用不分對象多少、不管年齡大小、不敢怠慢任何事物這三句話來形容，最是貼切。」

生活智慧

　　禮讓長輩先坐下、先吃飯，對人客客氣氣、謙恭有禮，是一個基本的行為，但是交通工具上年輕人坐著閉目養神，放任眼前的孕婦、老人、兒童搖搖晃晃的情況卻屢見不鮮。對人恭敬的人，會受到更多人的愛護，這可以說是一種成功人士的特質。雖然虛偽的人也是如此，但是過不了多久，他就會原形畢露。例如周公與王莽，他們都是禮賢下士，但是剛開始前者被人家誤解是要篡位，後者被人家稱讚是難得的賢人，結果剛好相反，這就是恭敬是否發自於內心的最大不同了。

如何識人育材

曾國藩在道光三十年三月，向皇帝上奏了一份〈陳言疏〉，內容主要是談如何識人育材，他提出「今天國家最缺乏的事務，就是如何去用人這件事。現在的人才並不算少，想要提昇他們、激勵他們，就要靠皇上巧妙的運用了。大致說來有轉移、培養、考察這三種方法。」

什麼叫做轉移的方法呢？「本朝的每個聖主，大多以改變世俗的風氣，作為施政的目標。順治的時候，動亂剛剛結束，民心未定，所以康熙講究寬容，但是日子安定後，官吏的紀律卻開始鬆弛，人民無所不為，因此雍正便用嚴懲的方式來拯救。到了乾隆、嘉慶的時候，人才高傲，只講才華，所以嘉慶又以鎮靜的方法來改變那種浮誇的風氣。現在人才都規規矩矩的，不敢鋒芒太露，但是守成的很多，有作為的人才卻愈來愈少了，大部份都是謹慎膽小、柔弱委靡……依我之見，應該請皇上召見臣子，看到沒有才能的人，就獎勵他學習，藉以懲戒不專一、沒骨氣的習性；看到有才華的人，更要獎勵他學習，可以化除他自以為是的想法，十年以後，人才必然會有起色。」

至於培養的方法，一種是教誨，包含了嘉獎和懲罰；一種是甄別，就是把無能的人給換掉；一種是保舉，由地方上推薦人才；一種是超擢，讓有能力的人破格升級。「培養人才就像是種田，教誨好比是播下種子，甄別就如同拔去雜草，保舉即是灌溉，皇上超擢就像天降甘霖一樣。」

曾國藩所說的考察，就是要每個官員在奏摺上，直言不諱的向皇帝說明施政上的問題、地方上的困難，還有大臣們的過失，他說「我也知道這樣子，會讓有些虛偽浮誇的人，藉由這個機會出頭，但他若是說的不實在、沒根據，就不可能有第二次被接受的機會。」而每個官員的考績，本來都只有他的上司來負責，因此「若是能夠大家互相提出建言，綜合的來參考對質，那不是更加地實際嗎？」

生活
智慧　　　曾國藩講的轉移、培養、考察這三種方法，並不是相當特殊，從古到今的忠臣都曾經有過相同的建言，因為他們都明白「上有所好，下必有甚焉」的道理，所以當一個領導人在抱怨身邊沒有人才的同時，通常就是因為他自己的無能造成的。

用人不只惟才

曾國藩除了要皇帝注重培養人才，他自己也是時時刻刻
的在留心網羅人才，他在〈覆李黻堂〉這封信上說
到：

　　「上次寄的那封信，說到關於求取人才的
方法，必須要有品德操守，而沒有當官的架
子，辦事能夠條理分明，而不說大話。最近我把
這個選人的標準公布各界，希望能夠找到輔助我的人
才，目前還沒有找到，不知道你們找到了嗎？尋找人才就要像戰國的大商人白圭做生
意的方法、像兇猛的老鷹攻擊獵物的行動一樣，不達目的，絕不罷休啊！」

　　「大致說來，人才有兩種，一種是氣質接近當官的人，一種是氣質接近鄉下的
人。氣質像當官的人，通常喜歡講學歷、講資格、做表面工夫，辦起事情來沒有什麼
特別的想法，說話也不會得罪別人，缺點是沒有朝氣，遇到事情，都由身邊的人幫忙
他說說寫寫，無法身到、心到、口到、眼到，尤其不能夠放下身段，親自去瞭解事情
的問題所在。氣質像鄉下的人，喜歡出風頭、賣弄才能、想新的花樣，辦起事情來不
管別人的意見，說話常常沒有重點，缺點是一件事還沒辦好、還沒討論清楚，就去做
另一件事。這兩種人的缺點，一樣的嚴重，人都不是聖賢，所以缺點也都不出這兩
種。我希望能夠用『勞苦忍辱』這四個字來教育下屬，所以不用有官樣的人，而用鄉
土味重的人，期望能找到遇到事情能親自去體會處理，能夠身到、心到、口到、眼到
的人才呀！」

生活智慧

孔子說：「找不到能夠懂中庸之道的人來傳授道理，只好傳給狂、狷這樣的人了。狂的人志氣高大，有進取心；狷的人知道守本分，不做壞事。」人的本性不同，每個人都有他的長處與缺點，曾國藩只好退而求其次的找能夠勞苦忍辱的人來為他辦事。同樣地，當我們要找一個可以依靠的老闆、情人、朋友時，也最好能和氣質相近、價值觀都差不多的人在一起，這就是古人所說「良禽擇木而棲，良臣擇主而事」啊！

伯樂痛失千里馬

曾
國
藩
，
你
在
說
什
麼
？

　　除了找尋人才以外，曾國藩也時常為了保住人才而煩憂，同治二年正月，他聽到侍郎勝保被人彈劾治罪，他趕緊上書給皇帝說：「勝將軍本性喜歡誇大，在一些小細節上都有毛病，這是大家都知道的……但是他受到先皇的重用，征討了太平軍，十年當中，經歷無數次的戰爭，還籌劃辦理皖、豫兩個省的軍務，雖然沒有什麼大作為，但也是運用了相當多的苦心……現在大家都在說他的不好，從法律上來看，他是有錯誤的，但是希望念在他治理軍隊那麼多年，能夠法外開恩，而且凡是一個能擔任重要職位，掌握權力的人，常常會引來別人的嫉妒陷害，這點更是朝廷在用人的時候不能不注意到的啊！」

不只如此，曾國藩在帶兵出征的時候，就時常感嘆地說：「古時候成就大事業的人，攻下一兩座大城時，並不高興，但是得到一兩位優秀的大將、幾千名精練的士兵，就很歡喜；失去一兩座大城時，並不介意，但是損失一兩位優秀的大將、傷亡十幾名壯士，就很悲傷。」

生活智慧

　　曾國藩一生都在尋找人才，他深知人才難得，因此他總是特別惜才愛才。但是「不遭人妒是庸才」，包括他自己都時常遭到其他官員的排擠，每天都要過著提心吊膽的生活。「飛鳥盡，良弓藏；狡兔死，走狗烹；敵國破，謀臣亡」，許多歷史上為國家盡心盡力的英雄豪傑，最後反而都得不到好下場，真是值得我們三思啊！

以貌取人之道

傳說曾國藩精於面相學，所以當他要提拔人才的時候，都要先經過他先「面試」一下，看看這個人，是否有成功的特質。他在《冰鑑》中提出七種品評人物的方法，分別是神骨、剛柔、容貌、情態、鬚眉、聲音、氣色。書裡的分類相當地細密，適合對面相學有興趣的朋友研究，但是篇幅太大，我們只先看他在〈相人口訣〉中所說的：「一個人的行為是邪是正，要從眼睛和鼻子去看；說話是眞是假，要從他的嘴巴去看；能不能事業成就，要看他的氣概；有沒有富貴榮華，要看他的精神；做事是否有主見，要觀察他的手指；人生是否順利，要觀察他的腳筋；若是要看出他是不是辦事能夠有條有理，聽聽他說話的方式就知道了。」

　　其實，曾國藩在書信當中很少提到以面相用人的事情，不過有時候也能看出相關的說法，例如在〈復姚秋浦書〉中說：「一個輕浮滑頭的將軍或是主帥，當遇到危險的時候，他的神情就會緊張害怕，軍心也會跟著他動搖。而一個很會說話，八面玲瓏的人，常常會混淆了是非，所以楚軍從來都不用會說話的將軍，不是只有我才這樣。」

　　關於曾國藩看相的故事很多，但是大部份都是小說家虛構的。不過從面相來觀察一個人的品行，是我們中國老祖宗所遺留下來的寶貴資產。孔子就說：「觀察一個人眼中的瞳仁，這個人的用心怎麼還能藏得住呢？」孟子也說：「觀察一個人善惡的地方，沒有比察看他瞳仁更好的了……當這個人的心意正直時，瞳仁就很光亮；心意不正時，瞳仁就會昏暗不明。先聽他說話，再觀察他眼中的瞳仁，這個人的用心怎麼還能藏得住呢？」

《周易・繫辭下》談到「將要背叛你的人，說話時會慚愧不安；心中有疑慮的人，說話時會散亂沒有條理；話說的少是吉祥的人；話說的多是急躁的人；陷害好人的，說起話來就會遊移不定；不是正當的，說起話來就會拐彎抹角。」

生活智慧

雖然我們有無數的面相書籍，但別忘了，天生我材必有用，有時人是不可貌相的，後天的努力有時比天賦還來的重要，因此曾國藩一再的強調「讀書可以改變骨相」，如果骨頭都能改變，那還有什麼不能變的呢？

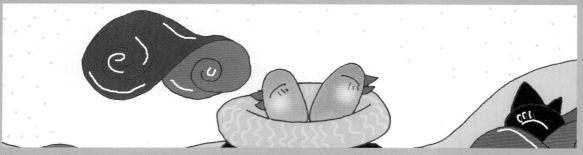

人才的重要

為什麼曾國藩這麼強調人才的重要呢？他告訴正在為與外國人要戰爭，還是和解而煩惱的左宗棠說：「國家能夠強盛，是因為得到了人才，所以《詩經》上說『因為得到諸侯幫助，才能天下太平』。如果沒有適當的人才，那就像是羽毛未豐的鳥一樣，很難高飛。從前道光皇帝，常常後悔鴉片戰爭後和敵人和解，而主張能夠作戰，但終究因為沒有好的將帥，無法洗刷戰敗的恥辱。現在你想要作戰，那就先要有能和外國人相抗爭的人才啊！」

　　曾國藩似乎不主張與外國人打沒有把握的仗，他並不是害怕，因為當清朝被船堅砲利的外國人給打怕了，許多人建議要遷國都到離海防線遠一點的西安時，曾國藩就寫了封信給方子白說：「你去年十月的信中，提到要把首都遷到長安去。這個建議，京裡面的大臣和各省官員都認為是最好的方法，因此紛紛上奏主張遷都。可是我以為國家能不能中興，要靠人才而不是靠風水寶地。漢朝遷到許都結果滅亡，晉代遷到金陵而能存活；拓跋氏遷都到雲中時興盛，遷都到洛陽時卻衰弱；唐朝明皇、德宗遷都後國力大振，僖宗、昭宗遷都後國家滅亡；宋代遷到臨安後，愈來愈昌盛，金人遷到蔡州後，愈來愈沉淪。大致可見，有憂國勤勞的國君，賢明勞苦的臣子，遷都可以保國，不遷都也可以保國；如果沒有憂國勤勞的國君、賢明勞苦的臣子，遷都也是危險，不遷都也是危險。我經過了世上多少的變化，只感覺到除了求取人才以外，沒有一件事是可依賴的。」

《管子》一書中說到：「如果只為一年的生活著想，種植五穀雜糧就可以；若為十年的人生計畫著想，只要種植樹木就可以；但是若要為自己的一生著想，那就應該大力的培養人才……種一次能發揮一倍價值的是五穀，能發揮十倍價值的是樹木，但是只要有一個優秀的人才，就可以產生無限的價值。」的確，我們都知道「中興以人才為本」這句話，因此我們不斷地提昇國民教育水準，可是當我們國家的處境，是人才之間只會相互對抗的時候，哪裡還會有中興的希望呢？

育才、訪才、造才

曾國藩認為身邊的人才，是要靠自己去造就的，而且「人才是愈去求就愈多，不去求的話就沒有」，所以他極力的蒐羅人才。但是他發現，人才與領袖間有一種微妙的關連，在〈箴言書院記〉中他說到：

「影響社會上風氣好壞的原因是什麼呢？主要受那一兩個帶頭人物的想法所牽引。這一兩個帶頭人物凡事都講求信義，那麼就有一群人跟著他往信義的方向走；這一兩個帶頭人物凡事都喜歡求利己，那麼就有一群人跟著他往利己的方向去，而一群人的力量就會形成一股不可抵抗的社會潮流。現在當權執政的人，常常說：『唉呀！天下間怎麼沒有能改變風俗的人才』；會這樣說，是因為把自己和群眾分開來了，不曉得只要靠自己轉變作風，就能夠改變社會風氣了，因此說天下沒有能改變風俗的人才，其實是不對的。」

那麼，人群為何總是受到那一兩個帶頭人物的想法所牽引呢？曾國藩又說：「據我所觀察，天下極為聰明的人並不多，極為愚蠢的人也不多，大部份都只是中等程度的人。中等程度的人，要叫他往東他就往東，叫他往西他就往西，學習善良的教育就變成善人，學習作惡的方法就變成惡人。」

生活
智慧

　　和蔣中正一樣受到曾國藩影響甚深的毛澤東，曾經說過人才的來源有三個方面，第一是「遇」，第二是「訪」，第三是「造」。遇到的人才，好比齊桓公與管仲；訪求的人才，好比劉備與諸葛亮；造就的人才，好比曾國藩與李鴻章。所以天下不是沒有人才，如果肯細心留意的話，處處都是人才。但是為何有了人才卻不能改善社會風氣呢？主要是因為上行下效、物以類聚，社會風氣其實就是領導者和他團隊的一面鏡子呀！

領導的能力

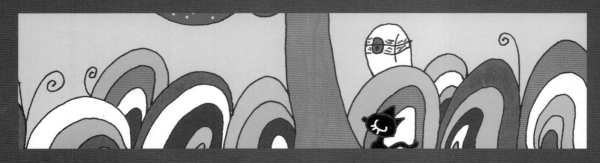

古代的名將通常都會留下或多或少的兵法，每部兵法的特色雖然各有不同，但是都必定要談談如何選擇領導人才，曾國藩也不例外。他從人的個性上分析一個軍事人才的條件「第一，要有能安定部下的才能；第二，要不怕死；第三，要不急著追求名聲財富；第四，要能夠吃苦耐勞。」

「所謂安定部下的才能，就是公正、公開、勤勞，不能凡事秉公處理，部下就不會服氣；不勤勞，部隊的事務就會亂糟糟，所以這是第一件重要事。能夠不怕死，大家才願意跟著出生入死。為了追求名聲財富才來的人，提拔他時慢了一點或是不合他的意思，就會懷恨在心，也會和同袍計較薪水，和部下爭辯小事。身體健康差的，太勞累就會生病，精神不好的，時間一久就會散漫無力。要這四種都達到似乎很難，但是如果少了任何一項，就千萬不可以作為帶兵的領袖……大致上，一個忠肝義膽有血性的人，就會具備以上這四種條件，如果不是忠肝義膽有血性的人，就算他表面上看來具備以上這四種條件，終究是不能用的。」

他又從一個人的能力上來分析，咸豐七年十月，他寄信給四弟說：「凡是能做將軍的，有四種能力。一是知人善任，二是熟悉敵情，三是臨陣時膽量，四是部隊事務都能有條不紊。我所見到的將軍中，沒有見到能熟悉敵情的人才。古時候所謂熟悉敵情的人，不但知道對方首領的性格、手段，還能知道誰與誰不合，誰不服他的首領，現在實在找不到這麼厲害的人才了。」他又在咸豐九年的日記上寫到：「軍隊裡面必須得到好的部隊長。對人真心誠意，是第一點；能夠計算路程有多遠，糧草夠不夠，與敵人的孰強孰弱，是第二點。」

生活智慧

不是人人都可以成為社會上的菁英，因為有太多的條件在規範著你，例如血統、姻親、符號、政黨、智能、儀表、口才、性格、專業領域等等，真是不一而足。現在的民主社會，又特別地強調領袖魅力，魅力聽起來很虛幻，但說的就是一個人的氣質與時代潮流相符合的結果。我們看曾國藩要的軍隊領袖，是忠肝義膽有血性的人，因為只有具備這種氣質的人才，才能符合當時的環境，才能出現那種讓人心服的魅力。

把好的人放在適當的位置上

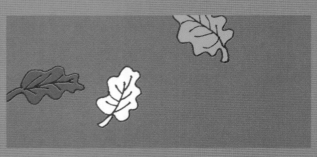

曾國藩自己不是一個善於帶兵打仗的人，所以自己出征時常常吃敗仗，不過他是一個善於帶領將軍的人，他的部下可以說都是朝廷的精英。由此可見他的優點正是在於他用人有術，例如他向朝廷推薦李鴻章時就說：「凡是要做一件大事的時候，必須要考慮到所用的人，他的才能可不可以擔當這件事，還有他是否瞭解當地的環境。」曾國藩用人常會注意到是否合乎天時、地利、人和，所以他在筆記〈才用〉這一篇中，特別地說明了用人的方法，他認為：

「珍貴的藥材，遇到不是它能治的病，那它連甘草都不如；賢良的人才，遇到不是他能力可以解決的事，那他連平庸人都不如。就像衝破城門的巨木抵不住小洞流下的水，耕田的牛不能要牠去抓老鼠，千里馬在狹窄的巷子中也難以跳躍，拿價值千金的寶劍來砍柴，還不如用斧頭，用夏商周的寶鼎來犁田，還不如用釘耙。在適當的時機、適當的事情，用適當的工具，那麼平凡的東西也會發揮神奇的功效。所以世上不怕沒有人才，怕的是用人的時候，不能夠讓他發揮出他的專長呀！」

如果說用人是要能適合當時的情形，那就不能只依賴身邊一兩個人，必須要有足夠應付各種突發狀況的人才，而領導者也必定不能存有私心。曾國藩如此的告訴江寧的地方官說：「凡是要計畫大事時，用的人愈少愈好，人少不僅薪水不用給太多，凡事也容易找到負責任的人，不至於大家推來推去。既然人要用的少，那就一定要找到才能足以完成這件工作的人，而能力不夠的就不能濫竽充數；人用的少，每一件事的始末，大家都能掌握住，也不會有粗心疏忽的狀況，人用的多就不行了。總而言之，為完成這件事才選擇這個人，那就是公正公開，事情也做得成功；為成全這個人才要他做這件事，那就是循私舞弊，事情就會失敗。你們不做事的人太多，以後每件事都要有專人來負責，一件一件地分工合作，就會漸漸地有起色了。」

生活智慧

　　政治學上有一個定律是說，一個人會升官，是因為他在這個職務上很能發揮專長，但是人的專業能力有限，通常升到某一個位置的時候，會因為不適任而被換掉，最後就消聲匿跡了。然而要想想，培養出一個人才要花費多少的社會成本，又有多少的人才可以被浪費呢？曾國藩主張用人要少，因此用人必然要精幹，正是符合現在政府人事精簡的觀念，只不過被裁撤的人，未必沒有用處，能留下來的又大多靠人事關係，那對國家而言就是禍而未必是福了。其實每個人都有用處的，像孟嘗君不就是靠雞鳴狗盜之徒才能脫困的嗎？

育才的快樂

己未九月，曾國藩在雜記中寫到：「處理軍營事務的方法，一項是要培養人才，一項是要立定法規。眞正有心帶兵的人，不會認爲打了敗仗很可恥，卻會認爲不能培養人才、立定法規很可恥。培養人才的方法有兩種，一要能夠知道這個人適合做什麼，二要能夠教育他不斷地進步」。

　　事實上，培養人才、立定法規是一體兩面的事情，所以他在同治元年的日記上說：「得人才的不外乎四處尋訪、審愼地利用、勤於教育、嚴格約束這四件事情。」之所以強調教育、約束，就是因爲天才不是人人可爲，而多數人都還要靠後天的培養，曾國藩於是說：「一個人的才華能力是因爲天賦，並沒有什麼好高興、好驕傲的。如果是因爲後天的培養，那他的能力才是眞的可靠。慢慢地增進志向，實在地用心苦學、努力實踐，那他的才華能力就會一天勝過一天。像水一個洞一個洞的漸漸漲起來、樹一天一天的慢慢長高。才能的增加也是慢慢培養出來的呀！」

培養出可靠人才，大概是曾國藩這一生中最快樂的事吧！他在己未九月的雜記中說：「君子有三件最開心的事：讀起書來大聲有力，彷彿置身在另一個世界，這是第一件樂事；廣泛的尋找人才，讓他們的能力愈來愈好，這是第二件樂事；在辛苦工作後，能夠輕鬆地休息一下，這是第三件樂事啊！」

生活智慧

　　關於曾國藩教育人才的方法，曾經被政府拿來作為公務人員的指導方針，歸納起來有四點：第一，多和部屬講話，不斷地重覆交辦的事情，一定要讓他們徹底了解。第二，多見面，和幕僚們每天共進早餐，增進彼此的情感和溝通，和各地的部屬見面時，多談一些家庭的事，讓他們倍感窩心。第三，不能見面也要常常寫信。第四，在部屬前多提一些好榜樣的人物，讓他們主動的去學習。

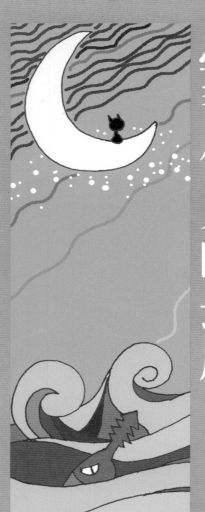

學習他人的長處

面對擅長海上作戰，武器精良先進的外國軍隊，曾國藩可以說是又怕又愛。當太平軍晚期因為軍紀敗壞、統治殘酷，開始節節敗退的時候，英國和法國的軍隊，看到了曾國藩所率領的湘軍嚴整有紀律，將來必定可以平息擾亂中華十幾年的太平天國，於此就主動向同治皇帝表示願意幫助清朝打退太平軍，當時有許多朝中大臣跟著附議，希望能借外國兵力來除去國內的造反者。一向講究廣用人才的曾國藩卻有相反的看法，同治元年五月，他向皇帝分析說：

「中國出現的盜匪，原本都只是平凡的農民，用中國自己精兵，平定這些沒受過訓練的小賊，自然是綽綽有餘的。光是今年春夏兩季，我們就已經攻下了二十幾座的城池，長江兩岸我們也都收復回來了，現在東南沿海也都快平定了。就算我們清朝這幾年還是打不贏這些逆賊好了，但是中國人的災難，本來就應該是中國人自己去挽救呀！請皇上您不要因為怕艱難，而委屈自己去求外國人來幫忙，應該要有自立自強態度，我們這些做您部下的，就會更盡心盡力地負擔起責任，絕不可以輕視自己的軍隊實力，被後代的子孫笑我們無能啊！」

聽取曾國藩的建議，實行自強運動的同治皇帝，對於洋人「唯利是圖，一遇到關鍵的時候，常常站在旁邊不管」的態度，是心知肚明的。曾國藩也很清楚，外國人只想從中國賺一筆出征費，根本不是真心的要來幫忙，但是這些訓練精良的外國部隊不用又可惜，用了恐怕將來被他們邀功，勒索更多，於是他主張「寧波、上海是通商的港口，洋人和我們一樣，都怕被盜賊佔領，用他們幫忙防守、攻打，自然不怕他們不出力。但是像蘇州、常州、南京這些地方，本來不是通商的港口，借助外國人，輸了反而會被人嘲笑，失去信心；贏了以後，又不曉得會被怎樣的勒索，目前只能靠他們守住上海等地的通商港口，千萬不可讓他們跑到內地來。」

　　雖然曾國藩對外國的軍隊有戒心，但是他身為自強運動的倡導人，對於學習外國人的經驗技術，可以說是不遺餘力，所以他在安慶仿造外國人的小輪船，還把上海的彈藥廠擴充，建立製造槍彈的江南製造局。不僅如此，他更是提倡中國人留學的創辦人，他認為：「西方人遊學到其他國家回來後，就被請到學校去，把學到的長處，傳授出去，讓他們國家更進步。現在中國也想模仿他們這麼做，既然這樣子想，似乎就該找一些才智聰敏的學生，帶到國外，實地的學習，以配合皇上的自強運動。」又說「中國要學西方的長處，光是買他們的圖書、機器是不夠的，他裡面的學問，若不是深入研究，根本學不到其中的關鍵。從前的人說學山東話，就必須把他帶到泰山去，又說百聞不如一見，就是如此。」

　　曾國藩又認為，真的要送人出國，有兩件難事，第一是錢從那裡來？第二是聰明的學生並不多。因此他建議要容閎去沿海各省找聰明的孩子，條件是「有遠大的志向、行為樸素、人品老實、家中沒有牽絆、心思單純的幼童」，每年三十名，學習十五年，並且只要是個性頑劣，就馬上把他撤回。

生活智慧

　　中國人能平定太平天國，當時的英法軍、長勝軍、長捷軍等洋兵洋將其實發揮了不少功勞，不過曾國藩怕的是會像宋代、明朝一樣，借來軍隊變成了亡國的軍隊。我們看很多到外地投資設廠的老闆，以為用當地人就可以節省成本，結果技術被人學走後，反而被當地人給併吞，得不償失。

整頓軍容，重振士氣

太平軍能夠把清朝的官兵打得哇哇叫，並不是他們所帶領的農民，有特別過人之處，而是清朝的軍隊本身出了問題。曾國藩就特別指出幾點：

第一，缺乏團隊合作的默契。他向江岷樵抱怨說：「我每每想到現在的部隊，最讓人可恨的是，看到同伴失敗卻不去救援。常常是一個部隊已經出發了，另一個軍隊只會在旁邊面露微笑的想看好戲。當別人戰勝的時候，就嫉妒他能成功，還怕他得到上級的獎勵賞賜；當別人失敗的時候，就不管他死活，放任他們給敵人殺光光。每次作戰失敗，幾乎都是這個原因。」

第二，嫉妒別人比自己有功勞。他向王璞山說：「現在的清兵，極度的膽小無能，只會嫉妒比自己有功勞的人。一遇到盜賊就退兵，看到百姓就騷擾，對待要殺自己的賊兵很仁慈，卻仇恨比自己表現還好的勇士。恨自己人的程度都超過恨敵人了。從前就有一個鄉勇，正要登上敵人的城牆，攻破敵人防守時，卻被清兵用鳥槍給打下來摔死，最近清兵殺死漢人鄉勇的事件，更是常常可見。」

第三，有太多難以改變的壞習慣。對於清兵那種見死不救的作戰習慣，曾國藩可以說是死心了，於是他告訴魁蔭太守說：「你主張把現在部隊加以訓練，本來是一個好主意。但是那種多年沿續下來的壞習慣，怎麼有辦法把他們改頭換面、洗心

革面呢？恐怕岳飛復活，也要半年才能教好他們功夫，就算孔子出現，教了三年也還是老樣子。所以我認爲現在兵根本不能要了，應該重新招募一些新的士兵。」

第四，缺乏嚴格的訓練。曾國藩向皇帝陳情說：「我想從打仗開始到現在，官兵們害怕面對敵人，一聽到風聲拔腿就跑，要是有誰打贏了，就趕過來參一腳，知道有誰快打敗了，也不願意去幫助他，這種種的壞習性，皇上您早就知道了。仔細想想原因，都是因爲平常缺乏訓練，沒有熟練的技術，才會看到敵人就心虛膽怯。」

就因爲這種種原因，曾國藩才會重新尋找家鄉中樸實的子弟，親自訓練，組成湘軍。

《司馬兵法》上說：「軍隊要求的是整體行動，並非個人行動，整體才能造成氣勢，才能和敵人一決雌雄。」曾國藩像是一位剛接任一個舊企業的總經理，當他發現原有的成員，已經形成貪功諉過的風氣時，他當機立斷的重新培養新的人才，藉以更改原有的弊病。重頭來過或許要花更多的時間，但是所收到的成效遠比換湯不換藥的方式大的多。

生活智慧

3
7 — 整頓軍容，重振士氣

軍民要同心

戰爭的時候，軍人和盜賊的不同處很少，因此最可憐就是手無寸鐵的老百姓，只要軍隊一經過，必然會被狠狠地剝削一番。曾國藩最痛恨清朝的綠營兵欺負百姓，因此每每提到「凡是做為軍隊中的將帥，絕對要以不騷擾百姓為優先」，還寫了封信給管綠營兵的張石制說：「民間的人都在傳說，我們的軍隊還比不上太平軍能給人民安定的生活。我相當悔恨怎麼會給人家這種印象，恐怕民心轉向後，就難以挽回了。因此我發誓要建立一支不會騷擾地方的軍隊，把民眾的心要回來，堵住那些不利於我們的流言。所以我每次遇到部隊要操演的時候，一定把所有士兵找來，反覆不斷的告訴他們不要騷擾老百姓生活……我這樣子做，就是希望能感動大家，希望能夠洗刷我們不如盜賊的恥辱，改變軍人沒有紀律的生活態度。」

為了讓阿兵哥們時時把不擾民記在心上，從咸豐八年開始，曾國藩還常常帶著他們唱一首〈愛民歌〉，順便教他們認識字，還可以達到宣傳效果：

> 三軍個個聽仔細，行軍先要愛百姓。
> 賊匪害了百姓們，全靠官兵來救人。
> 百姓被賊吃了苦，全靠官兵來作主。
> 第一紮營不要懶，莫到人家取門板。
> 莫拆民房搬磚石，莫踹禾苗壞田產。
> 莫打民間鴨和雞，莫借民間鍋和碗。
> 莫派民伕來挖壕，莫到民家去打館。
> 築牆莫攔街前路，砍柴莫砍墳上樹。
> 挑水莫挑有魚塘，凡事都要讓一步。
> 第二行路要端詳，夜夜總要支帳房。
> 莫進城市占鋪店，莫向鄉間借村莊。
> 人有小事莫喧嘩，人不躲路莫擠他。

無錢莫扯路邊菜，無錢莫吃便宜茶。
更有一句緊要書，切莫擄人當長夫。
一人被擄挑擔去，一家嚎哭不安居。
娘哭子來眼也腫，妻哭夫來淚也枯。
從中地保又訛錢，分派各團並各都。
有夫無夫派無錢，牽了騾馬又牽豬。
雞飛狗走都嚇倒，塘裡嚇死幾條魚。
第三號令要嚴明，兵勇不許亂出營。
走出營來就學壞，總是百姓來受害。
或走大家訛錢文，或走小家調婦人。
邀些地痞做伙計，買些燒酒同喝醉。
逢著百姓就要打，遇著店家就發氣。
可憐百姓打出血，吃了大虧不敢說。
生怕老將不高興，還要出錢去賠罪。
要得百姓稍安靜，先要兵勇聽號令。
陸軍不許亂出營，水軍不許岸上行。
在家皆是做良民，出來當兵也是人。
官兵賊匪本不同，官兵是人賊是禽。

官兵不搶賊匪搶，官兵不淫賊匪淫。
若是官兵也淫搶，便是賊匪一條心。
官兵與賊不分明，到處傳出醜聲名。
百姓聽得就心酸，上司聽得皺眉尖。
上司不肯發糧享，百姓不肯賣米鹽。
愛民之軍處處嘉，擾民之軍處處嫌。
我的軍士跟我早，多年在外名聲好。
如今百姓更窮困，願我軍士聽教訓。
軍士與民如一家，千萬不可欺負他。
日日唱熟愛民歌，天和地和人又和。

　　能得到民心的人，就是立於不敗之地的人。《尉繚子兵法》中談到軍隊與百姓的關係時說：「用兵的人，以不破壞無辜的城鎮，不殺害平凡的百姓為原則。若是濫殺別人父母兄弟，搶奪別人的財物，俘虜別人的妻兒當作自己的侍從，就變成盜賊了。帶兵打仗是為了討伐暴亂、制止不公不義的事才對呀！所以凡是經過的地方，都能讓農人繼續耕作、商人不離開豪宅、官員幫你辦事，連一滴血都不用流，天下就是你的了。」

軍中禁止的事

曾國藩治軍的態度和他治家的態度都是相當嚴格的，在他的筆記〈赦〉這一條中，他說：「我曾經看過某一家有個不肖子，做父親的時常原諒他的錯誤，結果每個兒子都漸漸地變成不肖子；又曾經見到有軍官士兵犯了法，主管睜隻眼閉隻眼，輕易的就放過他，以後他的部屬都敢輕視、戲弄長官。所以說赦罪的態度壓不住惡人，溺愛的方式管不好家庭，寬縱的行為治不了軍隊。」

因此，曾國藩對於喜歡騷擾百姓的士兵，除了寫一首〈愛民歌〉要他們常常唱以外，還下令軍中嚴格禁止七件事。分別是禁止吸食買賣鴉片、禁止賭博、任何時候都禁止喧嘩、禁止和人通姦，強姦婦女的馬上砍頭、禁止傳播謠言、禁止在部隊中結盟、加入哥老會、禁止穿著奇裝異服。

曾國藩還再三的強調「從前的士兵喜歡騷擾地方，習慣很壞，現在是重新挑選，就應該要認真訓練、嚴格管教，讓他們成為有用的人。底下的士兵好與不好，全都在於帶兵的人是如何。如果帶頭的軍官勤奮上進，潔身自愛，自然可以讓部下心服……我雖然怕你們打敗仗，但更擔心你們學了壞榜樣。小小的失敗不過是一時的，但是學到了壞習慣，卻會耽誤了你們一生。我是用父親教育子弟的心在教導你們，千萬不要把我說的話當作是耳邊風呀！」

人人都說「好男不當兵，好鐵不打釘」，因為當軍人容易受到環境影響，沾染上惡習。曾國藩特殊之處，就是用讀書人去帶兵，希望能夠讓士兵在軍中越學越好，這樣不僅有助於打仗的順利，也是替士兵們的家長教育子弟，曾國藩這麼做，就是要他的部隊，變成兵法上所形容戰無不勝的「父子兵」。

4
3
軍中禁止的事

生活
智慧
《吳子兵法》中記載：「魏武侯問說：『戰爭時最先要做的是什麼事？』吳起回答：『治理好士兵是最重要的。』武侯又問：『難道不是兵力多寡才重要嗎？』吳起答說：『如果他們都不守規矩，對賞罰沒有信心，鳴金時不肯退兵，擊鼓時不願前進，給你一百萬的兵也等於沒有啊！』」

當官要五到

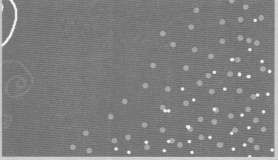

在人才篇中，我們已經知道曾國藩凡事都要求以人才為本，而他所收的軍事將領、士兵勇士，都是誠懇忠厚的居多，他寧願要鄉氣重的人才，也不願意用官氣重的人才，他在〈營規·招募之規〉第二條中說「找阿兵哥的條件是技術好、經驗夠、身體強壯、本性樸實、有點像農夫味道的最好。那種油頭粉面、像小流氓的、有公子哥兒味道的，一律不用。」因為那種官氣重的人，遇到事情，都由身邊的人幫忙他說說寫寫，無法做到身到、心到、口到、眼到、手到，尤其不能夠放下身段，親自去瞭解事情的問題所在，親自去解決問題。

「五到」的意思是什麼呢？咸豐十一年，他送李芋仙四副格言，並向他說：「身到的意思，就像是當地方官的，親自到命案現場驗屍、親自到各鄉里去拜訪；或是當軍官的，親自去巡視部隊的營區、親自站在炮火猛烈的前線上。心到的意思，是凡事用心去分析，把一件事的道理從頭到尾、不分大小，搞得清清楚楚、找到前後關連的地方。眼到的意思，就是細心的觀察所要用的人，仔細的批閱公文。手到的意思，為一發現別人的優缺點，或是突然想到一件事情的關鍵，就趕緊拿筆寫下來，以免以後忘記了。口到的意思，是說不管是交代別人做的事，或是再三警告不可以去做的事，雖然已經發出公文通知了，還是要一而再，再而三的重覆叮嚀才對。」

曾國藩的「五到」，展現了讀書人很少有的實踐精神，因此他常說：「讀書與用兵，完全是兩回事。」

「五到」當中，身到就是與士兵同甘苦，口到就是再三提醒，這些都還好理解。至於眼到、心到、手到，有時候其實就是觀察一件事的三個步驟，例如挑選人才時，這三項就都不能少，《姜太公六韜兵法》就認為鑑定人物的方法有：一、提出問題，觀察他的理解能力；二、不斷追問，觀察他的反應速度；三、讓他處理財物，觀察他是否正直；四、讓他接近女色，觀察他的意志是否堅定；五、交待困難的工作，觀察他是否有勇氣；六、灌醉他來看出他的本性。

生活智慧

對待降將謹慎小心

面對敵方投靠過來的降將，曾國藩處理的方式是先確定真假，就算是接受了，也不讓他升官，不讓他保存原來的實力。同治元年七月，他向皇帝稟報對於投降的將領洪容海的處理經過：「自稱是保王的洪容海，勇猛善戰，本來是石達開的部下，後來又轉變投靠李秀成。上次他去寧郡救助太平軍時，還沒有和我方軍隊打起來，就說要投降，因為他說和判軍將領們不合……我仔細的蒐集情報，得知今年一月洪容海在上海殺死許多小頭目，已經讓敵人懷疑他了。所以他來投降，應該是真的，但是他的手下人太多了，為了怕留下後患，我已經要鮑超叫他只能留下三千人，其餘的就遣散出去，不知洪容海是否接受。」

至於還有一位朝廷喜歡用的降將李世忠，曾國藩就常常的提防他，經過了幾次的觀察，認為他「雖然投靠我們很久了，但是本性難移，不僅是驕傲任性、不聽指揮，他的部下也是胡作非為、隨便的抽取地方稅、販賣私鹽牟利」，因此，當同治三年二月，朝廷要把最不得民心的清兵將領陳國瑞和李世忠放在一起時，曾國藩馬上表示反對，他認為「陳國瑞也是朝中少見的一員猛將，但是他只有二十幾歲，還不懂得謙虛退讓的道理，最近說是在養病，但是又常欺負地方官員，騷擾地方百姓，他和李世忠一山不容二虎，一定會自作主張。就我的看法，最好叫僧格林沁帶他去出戰，慢慢地馴服他，不要讓他

和李世忠在一起，一方面不讓他們臭味相投，助長李世忠驕傲、奢侈態度，另一方面也可以避免他們互相不服氣，所以這兩個人是離得越遠越好。」曾國藩巧妙的避免了這兩個人在一起，果然讓陳國瑞在戰爭中立了許多功勞，明白待人處世的道理，而李世忠在曾國藩的控制之下，也逐漸地明白自己是不可能再有什麼升官發財的機會，於是便決定告老還鄉去了。

對待降將謹慎小心

生活智慧

　　降將能不能用？該怎麼用？答案因為每個人的領導特性而會有不同。曾國藩謹慎小心、喜歡忠心不二的人，自然是不會把大權交在一個會背叛的人手上。不過打仗和下棋不一樣，下棋的時候只能殺掉對方旗子，不像作戰時還可以利用對方降將所提供的資源、情報來反擊敵人。曾國藩對待降將似乎過於苛刻，那是因為他深知《孫子兵法》中有一種假裝投降，深入敵軍蒐集情報，並散播不實情報，使人判斷錯誤的間諜，所以才不得不小心提防啊！

帶兵要帶心

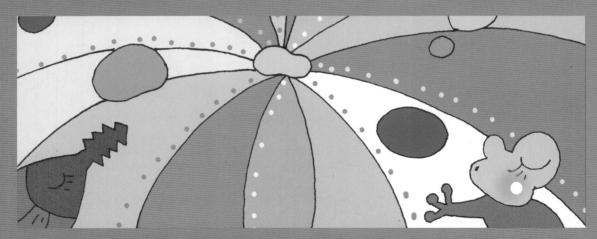

曾國藩帶的是自己湖南的子弟兵，他除了重視訓練，也特別重視恩威並濟。在己末八月的日記中，他這樣寫著：「帶領兵勇的方法，就是用仁愛的精神去施恩，用禮義的方式去立威。仁的精神就是，讓別人能像自己一樣的好，共同成功，用對待自己家人的心態去帶兵，寄望他們能夠成熟獨立、事業有成，那麼士兵都會心生感激。禮的精神就是不分場合、人數、年齡，對人都不驕傲、不怠慢，注重自己衣著言行，讓人看了都會油然生出尊敬你的心……能夠用仁有禮，連荒蠻的地方也可以治理好，何況是自己家的兵勇呢？」

他又向朱雲崖說：「我們帶兵時，就像父親、兄長帶著自家的兒子、弟弟一樣。所以要讓士兵知道沒有錢、沒有官位都是小事，千萬不要因為缺錢而去騷擾百姓，或是染上抽煙、嫖妓、賭博而打壞了身體。每個人都學好、都能成才，那麼不僅士兵會衷心感激我們，士兵們的父母、妻子也會感激我們。」

幸好曾國藩是用帶心的方式在帶兵，所以在戰爭的時候，雖然清朝有連續十個月發不出錢給士兵的情況，卻仍然能夠團結一心，擊潰太平天國。因此，曾國藩才敢這樣的告訴王樸山說：「從前的名將能夠得到士卒的心，都不是靠錢財的。後來的將帥，以為用足夠的糧草、優厚的薪水，就可以抓住士兵的心，這真是淺見啊！如果是用錢才讓人家為你作戰、出生入死，那等到你沒有錢了，大家就會一哄而散了。」

生活智慧

　　我們看到《史記》中所敘述的刺客，他們都是為了報恩而不是愛財，所以後人才會把他們看作是英雄。《黃石公三略兵法》中說：「一流的將領來帶兵，是用對待自己的方式在對待別人，給予恩惠，讓士氣愈來愈高。打起仗來，就會讓敵人感到像是一陣狂風襲來、一股洪水沖來，有不可抵擋的勢力」，又說：「從前有個優異的將軍，他把人家送給他的一罈美酒倒入河中，讓整個軍隊的人和他共飲河水，雖然河水中根本沒有酒味，但是人人都願意為他犧牲，因為他們都感受到了將軍的恩惠呀！」

約法三章

除了對帶兵的將帥有嚴格要求外，曾國藩也對公務人員在行政業務上，有道德要求。咸豐十年五月，曾國藩和巡捕房印簽押處的人員約法三章，還要他們抄寫一份，貼在辦公位置上，如果覺得自己做不到，那就請趁早離開曾國藩的管轄範圍。

「凡是作爲軍隊中的將帥，以不去騷擾百姓爲主要工作；凡是作爲督察的巡撫，以不需求隨從服侍的人爲主要認知……我特別訂下這幾個條約，要你們來公佈，希望你們能牢牢的記住。」

「第一，不可以侮辱輕視各地百姓。人是不分貴賤賢愚的，看到人都要有禮貌的對待他。想想人家用傲慢輕視態度對自己，一定受不了，自己如果這樣傲慢，人家也會受不了。」

「第二，不許拿送來的錢財禮物。自愛自重的人，是不肯拿別人一點點好處的。收人家給的禮物，一開始都從茶葉、小菜等這些小東西拿起，漸漸地就會收到馬鞍、衣料，最後連人家給的金銀財寶、古董字畫都拿到。一開始不過是想要互相建立感情，後來就會笑笑的請你幫他的忙，最後他就會威脅你、勒索你，每一次的公家弊案，都是這樣子開始的。以後我們巡捕房印簽押處的人員，務必要自愛，不准收任何禮物，就算是茶葉、小菜、親友送的小物品，若是沒有先通知我這裡經過批准就收下了，情節輕的撤職、重的就法辦。」

「第三，不准推薦自己人。巡捕房印簽押的權力很大，說的話人家不敢違背。所以常有把自己親友族人，推薦到各部隊、各地方衙門去的。一有犯錯就互相隱瞞、相互勾結，爲害不小。從現在起，就不准推薦任何人到軍隊或衙門去。」

曾國藩這三個不准，就是要去掉公務員貪心、私心和傲慢心。這種去除官僚風氣的主張到現在都還有，為什麼行政單位總是無法改進呢？或許是我們缺少了一位像曾國藩一樣「不要錢，不怕死」的人物吧！否則自己都做不到的事，要別人去做，誰會信呢？

當官治國的四要

曾國藩說話、寫文章，常常都是條理分明的。在咸豐十一年，他用自己實際觀察所得到的經驗，分別對於州縣（地方官）、營官（軍官）、委員（幕僚或辦事員）、紳士（在地方上有頭有臉的人，或是有功名在身的讀書人），各用四項條目，來勸導他們、告誡他們，展現出了曾國藩對政治的理想。

對於地方官員，他認為應當：

「第一，最基本的是先把自己的單位給治理好……當官的要把單位中的人給管好，就要自己每花用一分一毫的錢，都是光明正大的，這樣身邊的人就不敢對公款有非份之想。凡是公文都經過自己詳細的察看，那麼辦事的人就不敢舞弊。」

「第二，運用刑責來安定地方……要當盡心盡力的地方官，一定要能辨別是非，快速的解決案件。讓惡人受到刑罰，替好人出氣。用刑不是一種暴虐，是除去雜草保護稻苗、懲戒惡人安定好人啊！若是一件官司出現，地方官不接受、不審問結案、不分是非、不用刑責，說好聽的是寬容仁慈，其實是糊塗懶惰，放縱惡人欺壓百姓呀！」

「第三，重視農業以安定百姓。從開始打仗後，讀書人和做工、做生意的生活都還過的去。只有每個地方的農夫最痛苦。痛苦太久就不想耕種，軍人就會因為沒有糧食去騷擾百姓；百姓就會因為沒有糧食去投靠盜匪；盜匪就會因為沒有糧食去四處打劫，最後搞的天下大亂，永無寧日。以後農人看病不要錢，少抽他們的稅，沒有耕牛就替他們買，田地淹水就替他們疏通，要他們快快樂樂的過生活，才不會都跑光光了。」

「第四，要過節儉樸素的生活……節儉的方法就是少用不必要的人，衣服、飲食也要簡單，聲色場所、鴉片館子不能去，不送禮也不收禮，自己節省就不會在百姓身上打歪主意了。」

生活智慧

曾國藩不是民選的官員，可是他比現在民選的官員還要愛護百姓。當初共產黨能夠收攏大半以上中國人的心，就是能夠重視生活比較困苦的農民，所以做為一個領導人物，千萬不要忽視下層民眾的心聲，更重要的是自己能夠守本份，懂得清廉、節省，不是呼口號、給年金就算了，誰都知道羊毛出在羊身上，不能節省不必要的浪費，都不算是真正的愛民。

勸誡官員的四則

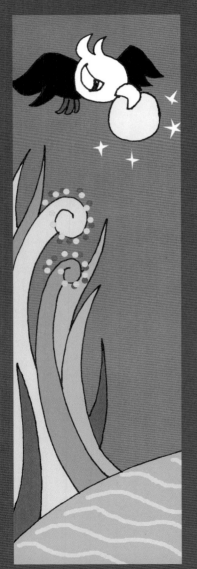

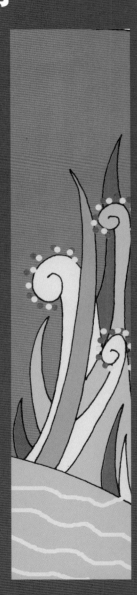

曾國藩告訴各處辦事員的勸誡中，有一條和地方官員是重覆的，那就是要他們過節儉樸素的生活，曾國藩指出他們應做到的事有：

　　「第一，生活勤勞盡職。看種田的農夫，每日勤勞，又少生病，由此看來勤勞可以保養身體。看舜、禹、周公，一生勞累，卻能長壽，由此看來勤勞可以培養心靈。大致上，勤奮就不會投機取巧，不動的事物容易壞掉，這是常理。勤奮的方式有五種：一是身勤，自己去親身經驗危險的道路、艱難的環境。一是眼勤，看人要詳細，看公文要仔細。一是手勤，隨時收拾、記下容易忘掉的事物。一是口勤，對同事多勸說，對下屬多指導。一是心勤，用心思考，明白道理。」

　　「第二，生活要儉約。」

　　「第三，用心做學問，增加才識……學聖賢的話要多讀書，學待人處世要多看好榜樣。多問有經驗的人，就知道其中的艱難，多聽別人意見，就知道事情做得好不好。勤奮的學習，在不知不覺中才華能力就會寬廣了。」

　　「第四，戒除驕傲怠惰的行為，改變官僚習氣。我不會算命、看天象，可是我常能預測戰爭時誰勝誰敗。只要軍隊有驕傲、怠惰這兩種樣子的都會戰敗。你們也一樣，驕傲的態度讓你嫌大材小用，怠惰的行為讓你被長官責罵。這種態度會形成一種風氣。就像是以前人所說的，一個人自以為是，天下人都會覺得自己了不起，一個人晚起，身邊的人都會跟著日夜顛倒。」

　　「現在我和你們約法三章，多做實實在在的事，少說不切實際的話，有事情不逃避，有功勞不自誇。每個人都能有這樣的心思，那事業就會成功，風氣就會從此改變，人才自然都會出現了。」

生活智慧

一間學校、公司、機關行號所給人的印象，是好是壞，並不是看他們的校長、董事長、總經理是誰，而是作為門面、每日與人接觸的警衛、辦事人員的態度是否親切，因為他們代表了一個單位的教育有沒有紮實。雖然某些人的職位並不高，可是他們能管的、能做的並不少，甚至還有很多未被人發掘的人才，隱藏在他們中間，像蕭何在當宰相以前，也不過是個替人修改公文的小秘書而已，「將相本無種，男兒當自強」，人不能輕視別人，更不能放棄自己。

勸誡紳士的四條

　　對於地方上有頭有臉的人、花錢買官來當的人，或是有功名在身的讀書人，曾國藩希望他們能夠自重自愛，他說：

　　「第一，保障無知的讀書人。各縣為了作戰設立的紳士單位，常為了辦團練，四處斂財，還假借平均分配的名義。自己出的錢少，不在這個單位的讀書人出的多，有和你們來往的交的錢少，沒來往的交的多，如果曾經和你們結怨，不僅出的錢更多，還要被羞辱，簡直是在殘害民眾。要選紳士，就要找能保障無知的人為最好，不能保護還欺負人家的，就算是很有名望，也要殺頭。」

　　「第二，崇尚奉公守法、廉潔禮讓。凡是公辦的紳士單位，都能經營管理金錢，還能推薦人才。同仁之間常常為了權力或保舉對象爭鬥，完全沒有廉潔禮讓的態度。當初以拿到縣官聘書為榮，但是有了權力，就為所欲為，吃公家的、喝公家的，作威作福，藐視地方官。今日特別警告各地的紳士，要尊重地方長官，交回財產管理權，並且要互相推讓，不爭權奪利。大家奉公守法、廉潔禮讓，百姓才會愛國。」

　　「第三，少說不切實際的話。孔子說：『說自己的缺點，不要攻擊別人缺點』，最近讀書人都喜歡說別人的短處，對古時候的賢人、現在的傑出人士都亂罵一通，這就是說大話。喜歡談論軍事的人，必然是沒有見識的人，喜歡批評別人的人，一定沒有修養。今天和大家約定，要務實一點，從不說大話開始，也就是說從不談軍事、不說別人缺點開始。」

　　「第四，擴大才識，做為將來之用。天下沒有現成的人才，也沒有天生自然就有的見識，人才大多是從不斷地磨練中出頭的。《淮南子》說：『成

功可以努力達成，名譽可以努力建立』，董仲舒說：『努力在做學問，見聞就多；用心在道理上，德行就高』，《中庸》上說：『人家一次能做好的，就算要一百次我也要做好』。這些都是努力的功夫啊！今天的讀書人都想被人提拔，爲國家出力，但卻缺乏爲國家出力的才能，如果能從以前的書中獲取經驗，又能用心思考、融會貫通，親自去做看看，努力再努力，那麼見識和才能都會充實進步，有了那麼好的才識，何必怕人家不用你呢？」

　曾國藩這段話，前兩點是向地方派系的首領說的，勸他們不要欺壓善良；後兩點是向還沒做官的讀書人說的，勸他們腳踏實地。曾國藩說話從來就不怕得罪人，他曾說過：「君子愈是讓步，小人就愈是狂妄」，所以指責社會上不公平、不合理的態度，才是一個有為有守的知識份子對社會應有的態度。

保家養身的六個法則

曾國藩的教育方式有一個特色，那就是有條有理、化繁爲簡，喜歡用幾個簡單卻又意義深遠的字，來不斷地提醒自己與家人。而每個字中的道理，又能夠適用於各種情境，可以用來保護自身、保護家庭。他在〈書贈仲弟六則〉裡所提出的清、儉、明、愼、恕、靜六條，代表了曾氏一門自求多福的方法。他提出：

清：「我們身上應該有種清氣，使弟子學習感化，讓鄉里受到薰陶，這樣就是積善，可以得到一片祥和之氣。喝酒太多、說話太多，都會產生濁氣，要培養清氣，首先喝酒要有節制，再來就是不要亂說話。」

儉：「欲望太多、喜歡走動的人，都無法節儉。你沒有特別的愛好，但是有好動的毛病。想說今天做什麼、明天拜訪誰，不自覺的就愈花愈多錢。以後要節儉，先要戒掉好動的性格，不輕易的出門、推動事務，不但不做沒好處的事，就連修橋鋪路、樂捐寺廟，也不可隨便去做。」

明：「古時候稱豪傑爲英雄，英就是明。明有兩種：別人只看眼前，我卻會看遠景，稱爲高明。人家只看大概，我卻留意細節，稱爲精明……高明是由於天份，精明則來自於學問……能夠先明事而後判斷，稱爲英斷，不能先明事而後判斷，叫做武斷。武斷自己的事，爲害不多，若是對別人的事也武斷，那就會招來怨恨。只有謙虛退讓，不肯武斷，最能夠保持福氣。」

愼：「愼就是有所害怕的意思。居心不良，就怕天譴；違背人情，就怕流言。年輕時怕父母、師長、長官，年老時怕晚輩私下非議，當大官怕部屬指責。人保持著畏懼的心，就不會犯下鬼神也不原諒的大錯。」

恕：「我們有權有勢的家族，一句話可以讓別人受盡榮耀，也可以讓別人受盡屈辱。榮耀的人得到名利後，未必會感激我，因爲他認爲我幫他不是一件難事呀！屈辱的人受到刑罰後，一定會恨死我，因爲他認爲我是在仗勢欺人呀！家中的兄弟們要下恕字工

夫，隨時要設身處地為人著想。我想要步步站得堅穩，別人也想，這叫做立人；我想要處處行得通順，別人也想，這叫做達人。要想說今天我處順境，改天也有處逆境的時候，今天我要仗勢欺人，改天人家也要欺負我，或是欺負我的後代。常常警惕自己，寬恕別人，給他留條後路，將來就少了阻礙。」

靜：「想要一家安靜，先要自己清靜。靜有兩個要點：一是不去是非多的地方，二是不到講勢利的官場。別人的官司，不干我的事，要是強出頭，結果要嘛賠人家一頓飯，要嘛就惹人家怨恨。別人升不升官，又關我何事，要是去干涉，必然被人說閒話，或者被開除。不如什麼都不管，既可以收斂家中晚輩的焦躁氣勢，又可以保障自身的清福。」

生活智慧　成功或許是運氣，但維持成功就不能沒有後天的努力。我們常說某人紅極一時，可是畢竟也只是一時而已。曾國藩的功業、名聲還能流傳到現在，靠的是自己和家人的努力，否則要是他弟弟們都是太保流氓，那他這些格言、家書，還會有誰要讀呢？

小作為，大學問

我們如果能仔細的去體會曾國藩在修身、齊家、理政、帶兵時所說一字一句，便可以看出他謹慎小心的處世態度，還有那不同於常人的遠見。因此只要別人認為是理所當然的，經過他再三的思考後，都會得出不一樣的看法。

　　同治二年八月，曾紀澤正準備從家鄉搭曾國藩的船艦到安慶去，與父親團圓、敘敘舊。本來這是一件小事，但曾國藩在兒子出發的前一星期，寫信給他說：「你十九號那天出門，想必九月初就可以從長沙搭船往東來找我。我提醒你一件事，船上有一面帥字旗，我不在船上時，就不可以掛著，還有沿途經過各地的縣城時，能避開就避開，不要驚動了當地的官員，以免麻煩他們來招待你。」

生活智慧

　　不願驚動官員來招待，自然就是不想欠人人情；不可掛上帥旗，就是一種小心謹慎、奉公守法、不落人口實的作法。由此可見，曾國藩的弟弟們、兒侄們，能夠成功，完全都是受到曾國藩時時不斷的機會教育所養成。

人高惹禍，樹大招風

曾國藩被任命爲兩江總督、直隸總督，掌握著天下的軍權和全國最富庶的省份，同治七年十二月，皇上還下詔：「大學士直隸總督一等毅勇侯曾國藩，加恩在紫禁城內騎馬」，可以說是一人之下，萬人之上，集天下的富貴於一身。與在這相同的位置上，常出現的貪官、權臣有所不同的是，曾國藩並不想趁此機會大撈一筆，或是結黨營私，處處安排自己人，他只想要退一步走。

仰賴曾國藩推動自強運動的同治皇帝，一繼任就要五十二歲的曾國藩，當統率東南四省的總司令。面對著皇帝賜給的大權，他根本不想要，三番兩次堅決的要辭掉這份差事，他說：「我再三的冒犯上奏，不願意接這節制四省的官位，實在是因爲自己的權力太大了，怕會因此開啓後人爭著比較權勢的風氣……懇求皇上在金陵還沒光復以前，不要再對曾家的人加封賞賜了。」

這個掌握東南兵權的位置，事實上，還是咸豐十一年曾國藩讓給左宗棠的。因爲他認爲權力過大，反而容易惹禍上身，同治二年正月，他向國荃說：「能夠當高官、掌大權還可以享受到好名聲的，古往今來能有幾人？能夠爲自己留一條後路的人，總是設法企圖減少權力、官位，將它推讓一些給別人，晚年就可以漸漸收場了。能在兩個位置上，推掉一個，也是極妙。」

同治五年時，他的身體狀況不佳，朝廷上批評他的人又很多，於是請了兩次假，但是各地仍有回變、捻匪作亂，讓他放不下心，所以只能無奈的告訴兒子們：「我決定從今以後不再當官，但是我也不想回老家獨自安逸，只想在軍營中辦點雜事，維繫軍心。不佔高官的位置享有大名，或

許還可以免去人家的毀謗與災禍吧！」只是清廷所培植出來的將相，誰也不服誰，因為他們心中認為最好的統領應該是要像曾國藩那樣文武兼備的。不想作官，反而是曾國藩最遙不可及的夢想。

一人高惹禍，樹大招風

生活智慧　　《菜根譚》中說：「心中沒有功名利祿的念頭，自然不會被功名利祿所迷，而掉入別人利誘下的陷阱；我不想在官場中和人競爭權位，自然就不用顧慮那勾心鬥角的危險了。」一個人受到別人讚譽或是毀謗，未必是自己的才德上有什麼過人之處，或是犯下了什麼缺德敗行的錯誤，而是因為別人害怕或是討厭你佔的這個「位置」，所以才會千方百計的討好你、處心積慮的陷害你。讓與爭，正是君子與小人最大的不同啊！

多聽逆耳忠言

曾國藩時時的告誡家中的兄弟，切莫驕傲。這正是他多年在朝廷中的經驗談。庚申十一月的日記：「九弟來信說：『古人認為賢明的君主，必然有敢直接批評他的忠臣；賢良的臣子，必然有能直接批評他的明君。現在哥哥有我這個敢直接批評你的弟弟。』我最近官位太高，名聲太大，常憂心聽不到別人對我批評勸戒的話，要是每件事都有九弟的勸告，又還能夠有一兩個嚴厲批評的朋友，恐怕就不會發生重大的錯誤決策吧！官位太大的人，都是因為自以為是、討厭別人忠告才失敗的！」

生活智慧

曾國藩常要他的部下背誦清代孫嘉淦所寫的〈三習一弊疏〉，孫嘉淦認為作為一個領導者，有三種習慣是要不得的。第一是喜歡聽人家頌揚你，第二是喜歡自己能夠一呼百應，第三是自以為是，有了這三種習慣，就會產生喜歡小人而逃避君子的弊端。諸葛亮的〈出師表〉，主旨也只有「親賢臣，遠小人」這六個字而已，可見一個人的成功與否，就在於他肯不肯聽進去逆耳的忠言罷了！

做個名實相符的人

　　壬寅正月的日記上，曾國藩說到：「一個人天天想的，大多都是要別人說他好。做人愛慕名譽，是可恥的。愛慕名譽的原因，就是自以為比別人還要高一等，這是隱藏在心中最深處的心結呀！」

　　對於名利曾國藩看得很透徹，他向李希庵說：「雖然對我這個人，有批評的，有讚揚的，但終究是讚美我的人多，批評我的人少。拿那些話在深夜時刻反省自己，就覺得自己已經是十倍、百倍的名過其實了。」

　　不過曾國藩畢竟已經無法擺脫大家所賦予給他的名望了，既然如此，他只好將這種名望化做為激勵自己上進的力量。在筆記〈名望〉中他說：「知識愈高，上天所給予你的責任就愈大；名望愈重，暗中觀察你的鬼神就愈嚴格。所以君子處世之道，是不肯和人比較高下的」。

生活智慧

　　古人講：「貪夫殉財，烈士殉名」。世上紛紛擾擾，世人來來往往，要的都是名和利。但是有得必然有失，失去的往往又是身邊最珍貴的幸福。親情永遠不是靠金錢可以買到的，青春永遠不是靠名聲可以換來的。只為了一時的虛名去算計別人，或遭人算計，值得嗎？

在適當的時間抽身

面對著已經腐敗多年，沒有藥救的清廷，曾國藩的部下都或暗或明的，希望他們的這位漢人老師、長官，能夠取而代之，重新建立起一個嶄新的朝代。可是曾國藩卻在平定太平軍，收復了金陵以後，主動的要求裁軍，一方面怕的是功高震主，一方面也是讓那些想要靠他升官發財的人死心。同治三年七月，他上奏皇上：「近年來只有增加軍隊，沒有裁軍，不論部隊拿的是哪一省的稅收，都是在消耗民脂民膏，損傷國家的元氣……現在局面已經安定，少一個兵勇就少一份開銷，也是少去未來可能會發生的禍亂。許多將領自動要請辭，對國家與我都是件好事。我與弟弟曾國荃商量後，把全軍五萬人，裁掉一半，其他分別鎮守重要的關卡，或是作為到廣德的游擊部隊。吾弟國荃攻下金陵城後，太過勞累，整夜無法安睡，也無力再辦大事，所以也想要辭職回家鄉，一方面可以養病，一方面可以親自把遣散的士兵給帶回家鄉，我們希望的就是好聚也能好散，善始也能善終。」

曾國藩這樣子的作法，真是給皇帝保留了面子，也消除掉當時朝中大臣懷疑曾國藩隨時可以造反的疑慮。在當時，由於朝中有人老扯曾國藩後腿，說整個長江上的船都掛著曾字旗，顯示權力過大，又要曾國藩把十幾年來打仗所有的花費，一筆一筆的報上帳來，弄得湘軍各將領都決議要造反了。曾國藩想要黃袍加身，易如反掌，可是他用行動來證明湘軍的忠誠，不僅裁軍，連裁軍費也由他來搞定，這樣子，誰還有話說呢？

生活智慧

歷史上沾沾自喜的開國功臣、救國良將，往往下場淒涼，所以才說「伴君如伴虎」。聰明的人懂得成功不必在我的道理，所以能謙退，也能保身。漢代的張良幫助劉邦平定天下後，不受劉邦三萬戶食祿的賞賜，忘了自己豐功偉業，過著隱逸恬淡的生活，平常人都為他覺得可惜，可是當同樣名列漢初三傑的韓信被劉邦烹宰後，請問誰才聰明呢？

用五德來養身

由於受到先秦一些陰陽家的影響，中國人講養生，喜歡用陰陽、五行、八卦的觀念來配合身上的經脈、器官。曾國藩則是用儒家的仁、義、禮、智、信五德，來配合著保養肝、心、脾、肺、腎的方法。他在〈養身要言〉中擬出：

一、用仁來養肝：「肝像是陽氣初動、萬物始生的地方，所以不能隱藏怒氣、不能記舊恨。」

二、用禮來養心：「處理私事能夠有條有理，處理公事能夠謹慎不失態。態度安和卻不驕傲，有威嚴卻不兇猛。」

三、用信來養脾：「飲食要有規律，生活起居要正常，做事要有恆心，言行要有常態。」

四、用義來養肺：「心胸寬大無私，凡事逆來順受，對得起良心，不違背天理。」

五、用智來養腎：「要能安定的下心，要能安定的下氣，要能安定的住神，要能安定的住身體。」

至於曾國藩養胃的方法，就比較簡易也符合現在中西醫的方式，他說：「我時常有嘔吐的病症，每次一發作起來，我就減少食量、斷掉肉食，很快就會好了。」

生活智慧　　曾國藩和一般中醫師開藥方治病的方式不同，他講究的是事先的預防工作，可以說是用心藥來除心病，如果從心理學上的角度來看，我們也不能說他不科學。如果就他的養身法則切實去做的話，會不會生病不曉得，但應該會培養出一個心理相當健康的君子！

養生專家的秘訣

同治五年六月，曾國藩當時五十六歲，感到自己體弱多病，深怕自己家族的後代，也像自己一樣早年疏忽了養生，導致晚年一身病痛，於是寫信告訴弟弟們：「我感到年紀已經老了，一年半載以後就無法再勉強當官了。想到弟弟們的身體也都不好，子孫更是身體虛弱。實在應該在平常就多講究一些養身的方法，才不至於落到病急亂投醫的下場」。

「養身的方法，大約有五種：一是睡眠和飲食要有規律，二是不可以發脾氣，三是節制慾望，四是每天晚上睡覺前洗洗腳，五是每天兩餐飯，飯後要走三千步。飲食、睡眠有規律和洗腳這兩件事，祖父星岡公四十年來不間斷，我也學他做了七年。飯後要走三千步，是最近要自己試著一定要有恆心去做的。弟弟們從前都太勞累了，現在快五十歲，希望能將這五件事做好。」

生活智慧

常聽人說：「四十歲前糟蹋身體，四十歲後被身體糟蹋」。所以人常常要到醫生宣布有肝病、肺病的時候，才肯戒煙、戒酒，把從前靠著煙、酒應酬交際所賺來的錢，又通通送給醫院，實在是不值得呀！曾國藩所說的五種養生法，看來都很重要也很可行，至於哪一項他認為最好呢？他告訴兒子紀澤說：「每天飯後數千步，是養生專家們的第一秘訣。」

不吃藥沒事，
沒事不吃藥

不吃藥是曾國藩祖父所留下來的家訓，咸豐十年十二月二十四日，曾國藩寫了兩封信，分別給四弟國潢和兒子紀澤，他跟弟弟講：

　　「聽到你身體康復了，我很高興。但是你吃藥吃太多，又堅持要讓紀澤去給醫生看病抓藥，我頗不以爲然。祖父還在的時候，不信醫藥、不信僧巫、不信地師，這三件事，你應該都還記得吧！現在我們應當學習這個精神，來繼承這樣的家風。今年你們請法師來做兩場法事，還不時請人祈禱平安，這已經破壞了不信僧巫的家訓。花了幾千金買了一塊墓地，又破壞了不信地理師的規矩。至於吃藥，我們全家大小幾乎是人人都在吃，吃的藥又貴，等到吃補藥吃出病來，又要吃涼性的藥去洩。陽性的藥吃出毛病，又服涼性的藥，一來一往，非生出大病不可。弟弟今年春天服了補藥，夏天又服涼藥，冬天又吃清血潤肺的藥。我希望你少吃點藥，多多利用飯菜來調養，我兒紀澤雖然身體虛弱，但是保養之法，也是在於謹慎的飲食、節制慾望，而絕對不是多吃藥啊！」

　　他又向紀澤解釋爲何不要他去看病拿藥，他說：「你體質虛弱，常吐出鹹痰，我很擔心。但卻不適合去服藥物，因爲藥能活人，也能害人。優良的醫生能夠救活十分之七的人，卻能害了十分之三的人；平庸的醫生就害了十分之七的人，只能救活十分之三的人。我不管是在家鄉還是在外面，所看到的都是庸醫。我深怕受到庸醫所害，所以這三年來，決計不吃任何醫生開的藥方，也不讓你吃家鄉醫生所開的藥方。」

　　曾國藩所強調的就是自然養生法，他常說：「治療心裡的病，就用廣大包容做爲藥方，治療身體的病就用不吃藥做爲藥方。」在同治五年二月，他又向兒子們說：「《莊子》說：『只聽過聖人在天下中，沒聽過管天下的是聖人』，蘇東坡用這兩句

話，當作是自己養生的方法。你們熟悉訓
詁學的，可以去找《莊子》說『在宥』這
兩個字的解釋，好好地去體會一番，就可
以知道莊子、東坡都有順其自然的意思。養生
是這樣子，治理天下也是相同的道理。若是一
天服好幾種藥，無緣無故的一年到頭都在吃
藥，生個小病也吃烈藥，強迫自己發汗排
毒，那就像是商鞅治秦國、王安石治宋朝
一樣，強行變法，完全失去自然的妙
處。」

生活智慧

　　現在的醫生逐漸開始要病人少吃藥物，因為毒藥是毒，良藥也是
毒，有的人長期吃藥所產生的抗藥性，讓他連小感冒都很難迅速的康
復。再加上某些中藥含有重金屬或西藥的成份，西藥又常有副作用，
曾國藩沒事不吃藥的看法，仍是相當先進的。有兩句相關的話是這麼
說的「藥補不如食補，食補不如動補，動補不如氣補，為善最樂最
補」、「不孝父母，敬神無益；兄弟不和，交友無益；貪淫好賭，勤儉
無益；不惜元氣，服藥無益」。

静坐小睡

曾國藩還有著重在靜態方面的養生方法，一種是靜坐。

同治十年八月，他向兒子們說：「你們身體都很虛弱，每天都必須有靜坐養神的時候，也要有發憤用功的時候，有動有靜，循環不停，這樣學問和身體都能進步了。」十月時又向弟弟們說到：「家中的晚輩，身體差，讀書也不行，我用六件養生的方法來告訴他們：一是飯後要走一千步、二是睡前洗腳、三是胸中不生悶氣、四是有規律地射箭（可以強健筋骨）、五是早晨吃一碗不配菜的白飯（聽長壽的人說的）、六是能夠時常靜坐。」己末五月的日記中，他也寫到：「還沒五十歲，精神卻相當的萎靡不振，是提早衰老了。體質不好又事情多　，每年都讓自己在壓抑、鬱悶中過日子。從今以後，每天要靜坐一次，讓全身能夠完全的放輕鬆呀！」

除了他無處不提到的靜坐外，曾國藩還特別地重視睡眠。

辛酉年十一月的日記上記著：「養生的方法，主要是睡眠和飲食兩方面。平常所吃的飯菜能有營養，就比吃珍貴的藥還好；睡眠也不是多就好，如果睡覺睡得香甜，就算是片刻也足夠應付日常生活了。」只是他精神上的負荷太重，「許多年都不曾享受到熟睡的滋味了」，所以在癸亥四月日記上，寫下他新發現的方法「我年輕讀書的時候，看到先父都會在日落以後，點燈以前的那段時間，小睡一下，然後晚上就會精神百倍。我最近也想效法這樣子，落日後在竹床上小睡一下，點上燈後就起來辦事，果然是精神相當清爽。」

生活智慧

根據研究指出，經過專家的指導後，長期有靜坐習慣的人，身體不舒服、頭痛、感冒的症狀會顯著的減少很多，做事也比較不會衝動，情緒較為穩定，神經質和焦慮的傾向都會明顯改善，不過每個人適合解除壓力的方式不同，像曾國藩這樣天天奔波的人，已經過於勞累，所以靜坐與睡眠對他就會特別地有效。

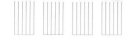

廣 告 回 信
臺灣北區郵政管理局登記證
北 台 字 第 8719 號
免 貼 郵 票

106-□□
台北市新生南路3段88號5樓之6

揚智文化事業股份有限公司 　　　收

□□□-□□
地址： 　　市縣　　鄉鎮市區　　路街　段　巷　弄　號　樓
姓名：

Leaves
Publishing

 L1008　　　 曾國藩，你在說什麼？

葉子出版股份有限公司
讀 · 者 · 回 · 函

感謝您購買本公司出版的書籍。
為了更接近讀者的想法，出版您想閱讀的書籍，在此需要勞駕您詳細為我們填寫回函，您的一份心力，將使我們更加努力！！

1.姓名：_____

2.性別：□男 □女

3.生日／年齡：西元_____ 年_____月 _____ 日____歲

4.教育程度：□高中職以下 □專科及大學 □碩士 □博士以上

5.職業別：□學生□服務業□軍警□公教□資訊□傳播□金融□貿易
　　　　　□製造生產□家管□其他_____

6.購書方式／地點名稱：□書店_____□量販店_____□網路_____□郵購_____
　　　　　　　　　　□書展_____□其他____

7.如何得知此出版訊息：□媒體_____□書訊_____□書店_____□其他_____

8.購買原因：□喜歡作者□對書籍內容感興趣□生活或工作需要□其他

9.書籍編排：□專業水準□賞心悅目□設計普通□有待加強

10.書籍封面：□非常出色□平凡普通□毫不起眼

11. E - mail：_____

12喜歡哪一類型的書籍：_____

13.月收入：□兩萬到三萬□三到四萬□四到五萬□五萬以上□十萬以上

14.您認為本書定價：□過高□適當□便宜

15.希望本公司出版哪方面的書籍：_____

16.本公司企劃的書籍分類裡，有哪些書系是您感到興趣的？

□忘憂草（身心靈）□愛麗絲（流行時尚）□紫薇（愛情）□三色堇（財經）
□ 銀杏（健康）□風信子（旅遊文學）□向日葵（青少年）

17.您的寶貴意見：
_____

☆填寫完畢後，可直接寄回（免貼郵票）。
　我們將不定期寄發新書資訊，並優先通知您
　其他優惠活動，再次感謝您！！

Leaves
Publishing

根
以讀者爲其根本

莖
用生活來做支撑

葉
引發思考或功用

果
獲取效益或趣味